Alie Suvélor

KARIBIK VEGAN

Lieblingsrezepte aus Kuba, Jamaika, Haiti, Puerto Rico, Guadeloupe und Martinique

stiebner

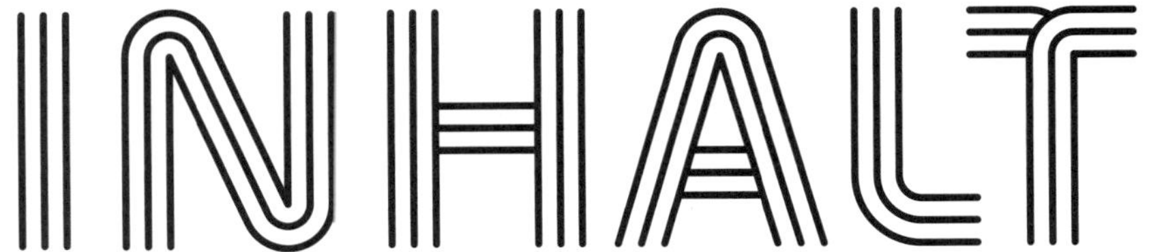

JAMAIKA

KUBA & PUERTO RICO

FRANZÖSISCHE ANTILLEN

HAITI

VORWORT

Ich bin ein Kind der karibischen Inseln. Geboren und aufgewachsen bin ich auf Guadeloupe, Ende der 1990er-Jahre zog ich nach Paris. Während meiner Kindheit und Jugend in der Karibik habe ich die einzigartige Vielfalt der karibischen Kulturen in mich aufgenommen. Meine Eltern waren Bauern, sie exportierten ihr Obst und Gemüse. Mit ihnen bereiste ich die verschiedenen Inseln, lernte meine Wurzeln kennen und sammelte eine Fülle von kulinarischen Eindrücken. Meine Mutter war eine hervorragende vegetarische Köchin und ihr verdanke ich meine Liebe zum Kochen. Von klein auf war ich an gutes und gesundes Essen gewöhnt. Daraus entwickelte sich meine spätere Leidenschaft fürs Kochen gewissermaßen von selbst. Heute bin ich davon überzeugt, dass meine Kindheit in der Karibik ein Grund dafür ist, dass ich Veganerin geworden bin. Ich war umgeben von Tieren: Hühner, Ziegen, Kühe und Schweine lebten bei uns mit Hunden und Katzen zusammen in völliger Freiheit, es war wie ein kleiner Tiergarten. Denn meine Eltern hatten ein großes Herz, nahmen die Tiere bei sich auf und vermittelten mir Respekt und Liebe für alle Lebewesen.

Dieses Kochbuch ist eine Hommage an meine Wurzeln, die von den Französischen Antillen über Kuba und Puerto Rico bis nach Jamaika reichen. Jedes der hier vorgestellten Rezepte (Hauptgerichte, Frühstück, Getränke, Saucen, Desserts ...) ist typisch für eine oder mehrere Regionen der Karibik. Allen gemeinsam ist die Achtsamkeit gegenüber der Natur und die Verwendung von regionalen und unverarbeiteten Zutaten. Und natürlich meine persönliche Geschichte. Es gibt viele vegane karibische Nationalgerichte, aber auch solche, die traditionell mit Fleisch zubereitet werden wie Colombo, Picadillo oder Jerk Chicken, die ich für dieses Buch vegan abgewandelt habe. Jede einzelne Insel der Karibik hat ein für sie ganz typisches Gericht, das ihre Geschichte repräsentiert. Und doch gehören alle irgendwie zusammen. Die Karibik ist geprägt von einer einzigartigen, farbenfrohen und lebendigen Kultur, die sich in den typischen Gerichten widerspiegelt. Sie erzählen von der Identität und den Lebensgewohnheiten der Einwohner.

In meiner Familie hat Kochen eine lange Tradition, die Rezepte sind Teil unseres kulturellen Erbes und werden von Generation zu Generation weitergegeben. Westafrikanische Einflüsse, auch die der Arawak oder der asiatischen und indischen Arbeiter sind ebenso spürbar wie die der britischen, französischen und spanischen Kolonialisten. Mit jedem Gericht, das wir in der Familie weitergeben, tragen wir dazu bei, nicht nur unsere eigene, sondern auch die Geschichte aller Einheimischen zu bewahren.

Meine 80 Rezepte in diesem Buch sind reich an Aromen, die für die Karibik typisch sind. Ich bin mit ihnen aufgewachsen, meine Mutter hat die Gerichte immer mit viel Liebe für uns zubereitet. Auch heute noch wecken sie in mir ein Gefühl von Geborgenheit.

DIE KARIBISCHE KÜCHE

Die karibische Küche ist eine einzigartige Mischung aus Aromen, Zutaten und kulinarischen Traditionen, deren Ursprung in den multikulturellen Wurzeln liegt. Die Nachwirkungen von Kolonialismus und Sklaverei sind noch immer allgegenwärtig und die wechselhafte Geschichte ist auf allen Inseln spürbar. Wenn man die Vergangenheit kennt, versteht man die Einwohner und ihre typischen Gerichte besser. Jede Insel hat eine einzigartige kulturelle und kulinarische Identität, geprägt von den europäischen Kolonialisten, den Traditionen der afrikanischen Sklaven und dem Erbe der Arawak (auch Taínos genannt, die indigenen Ethnien der Inseln).

Viele der Zutaten, die mittlerweile so typisch für die Karibik geworden sind, etwa Brotfrucht, Mango und Zuckerrohr, wurden ursprünglich von Europäern eingeführt. Die karibische Küche ist seit Beginn des 18. Jahrhunderts eng mit den kulinarischen Traditionen Afrikas, Asiens und Indiens verbunden. All diese Einflüsse in Kombination mit den Zutaten und Zubereitungsarten der Arawak waren maßgeblich für die Entfaltung der modernen karibischen Küche, so wie wir sie heute kennen und lieben.

Jede Ethnie hat dazu beigetragen: Die Inder, die im 19. Jahrhundert als Arbeitskräfte auf die Inseln geholt wurden, brachten zum Beispiel Curry und viele andere Gewürze mit, die Afrikaner unter anderem ihre religiösen Kochrituale. All diese Traditionen verschmolzen zu dem, was wir heute die »karibische Kultur« nennen.

Aus dieser kulturellen Vielfalt ist unsere einzigartige Identität entstanden, die nur in der Karibik anzutreffen ist, und ein starkes symbolisches Band eint all die Inseln des Archipels.

Die karibische Kultur ist das Ergebnis ihrer Geschichte, ihrer Geografie und ihrer politischen Systeme, und das spiegelt sich auch in ihrer Küche wider, denn in ihr vereinen sich Vergangenheit und Gegenwart. Diese Küche ist so kreativ und vielfältig, und ich denke, sie bietet für jeden etwas, ganz gleich, woher man kommt und wie man sich bisher ernährt hat.

VEGANISMUS UND DIE KARIBIK

Denkt man an die karibische Küche, so assoziiert man damit in erster Linie Fleisch, Fisch und Käse und nicht Veganismus. Die bekanntesten karibischen Gerichte sind Jerk Chicken, Chicken Colombo oder Picadillo, das im Wesentlichen aus Hackfleisch besteht. Aber auf vielen karibischen Inseln wird schon seit Langem vegan gegessen. Die Einheimischen essen viel Obst, Reis und Bohnen, und zwar aus ganz unterschiedlichen Gründen. Zum einen, weil das ganze Jahr über viel tropisches Obst und Gemüse wächst, zum anderen aufgrund der Fleischknappheit vor allem auf Kuba und Puerto Rico. Und nicht zuletzt aus spirituellen Gründen, aus denen zum Beispiel das Ital Food auf Jamaika entstand, die vegane Ernährung der Rastafaris.

Veganismus wird oft mit weißen Kulturen in Verbindung gebracht, aber die Ital-Food-Ernährung, die seit den 1930er-Jahren gelebt wird, zeigt uns, dass es auch hier eine lange Tradition gibt, sich auf pflanzlicher Basis zu ernähren und keine Tiere zu essen. Als ich meine Ernährung von vegetarisch auf vegan umstellte, interessierte ich mich sehr für diese spirituelle Bewegung. Mit meinen jamaikanischen Vorfahren teile ich den Respekt vor der Erde und die damit verbundene Lebensweise.

Auch die Arawak (die Taínos), die frühesten Bewohner der karibischen Inseln, ernährten sich hauptsächlich von Obst, Gemüse und Wurzeln wie Maniok und Yams. Die vegane Ernährung hat auf den Inseln Tradition und viele für die Inseln typische Gerichte kommen deshalb ohne tierische Bestandteile aus. Mit diesem Kochbuch möchte ich Ihnen die vegane Küche, mit der ich aufgewachsen bin, und die vielfältige Kultur der karibischen Inseln näherbringen.

DIE WICHTIGSTEN ZUTATEN DER KARIBISCHEN KÜCHE

AVOCADO, TROPISCHE

Sie ist größer als die herkömmliche Avocado, auch süßer und weniger fetthaltig.

BANANEN

FEIGENBANANEN

Kleiner als gewöhnliche Bananen und süßer. Sie werden vor allem für die Karnevalsbeignets verwendet.

GELBE BANANEN

Gelbe Bananen, im Unterschied zu Kochbananen, sind die in Europa üblichen Bananen.

GRÜNE BANANEN (TI-NAIN)

Ti-nain sind unreife gelbe Bananen. Ihr Fruchtfleisch ist weiß und hat eine Textur ähnlich der von Kartoffeln. In der Regel werden sie gekocht und man isst sie zu herzhaften Gerichten.

KOCHBANANEN

Die Kochbanane ist reich an Stärke und eine in der Karibik weit verbreitete Beilage. Enorm vielfältig, man kann sie kochen, braten, backen ...

BOHNEN, WEISSE, SCHWARZE UND ROTE

Als Grundnahrungsmittel der karibischen Küche findet man Bohnen in allen möglichen Formen. Jede Insel hat ihre eigene Variante von Reis mit roten Bohnen.

BROTFRUCHT

Die Früchte des Brotfruchtbaums sind wegen ihrer Textur und ihrer wohltuenden Wirkung sehr beliebt. Sie werden sowohl süß als auch herzhaft zubereitet.

CHAYOTE

In der Karibik heißt diese ballaststoffreiche Kürbisart Christophine. Im deutschsprachigen Raum wird sie auch Gemüsebirne genannt. Man kann sie roh als Salat essen, kochen oder für ein Gratin verwenden (S. 124).

Tropische Avocado

Kochbanane

Chocolat Elot

CHILI

ANTILLENCHILI (HABANERO)

Kleine, runde, gefaltete Chilisorte. Sie gehört zur Familie der *Capsicum chinense,* die zu den schärfsten Chilischoten der Welt gehören. Habaneros sind in der karibischen Küche sehr verbreitet.

MILDE SORTEN

Milde Chilischoten verwendet man zum Aromatisieren der Speisen. Anders als die scharfen Habaneros haben sie eine längliche Form.

CHOCOLAT ELOT

Dunkle Schokolade aus Martinique, die mit Rohrzucker gesüßt ist. Sie besteht nur aus regionalen Zutaten, darunter vor Ort angebaute Kakaobohnen.

COLOMBOPULVER

Von den Indern eingeführte Gewürzmischung, die sich aus Koriander, Kreuzkümmel, gelben Senfkörnern, Pfeffer, Kurkuma und Nelken zusammensetzt. Ein Rezept, um die Mischung selbst herzustellen, findet sich auf S. 104.

COROSSOL (STACHELANNONE)

Die vitamin- und nährstoffreiche Frucht Corossol wird wegen ihrer heilsamen Wirkung sehr geschätzt. Man presst sie zu einem köstlichen Saft (S. 158).

ERDNUSSBUTTER

Erdnussbutter wird für viele karibische Rezepte verwendet.

GUAVE

Tropische Frucht des Guavenbaums. Ihr Name ist arawakischen Ursprungs und sie zählt zu den ersten Nahrungsmitteln, die auf den Inseln angebaut wurden.

KOKOSMILCH UND KOKOSCREME

Kokosmilch wird aus frischen Kokosnüssen gewonnen und ist eines der am häufigsten verwendeten Derivate dieser für die Karibik so typischen tropischen Frucht.

Antillenchili (Habanero)

Kokosmilch und Kokoscreme

Limetten

KOKOSÖL

Es wird seit Jahrzehnten als Ersatz für Pflanzenöl oder Butter verwendet, da es billiger und einfacher in der Handhabung ist.

KRÄUTER UND GEWÜRZE

Frische Kräuter (Schnittlauch, Petersilie, Koriander ...) und Gewürze (Kreuzkümmel, Kurkuma, Jamaika-Chili, Zimt, Muskatnuss, Pfeffer, Ingwer ...) sind wichtiger Bestandteil der karibischen Küche. Die Verwendung ist von Insel zu Insel unterschiedlich, aber die Aromen sind sehr ähnlich.

LIMETTEN

Die Limette ist viel saftiger als die Zitrone und ist aus der karibischen Küche nicht wegzudenken.

MANIOK

Aus der Maniokwurzel wird die Pflanzenstärke Tapioka gewonnen, die in vielen karibischen Gerichten Verwendung findet.

NELKENPFEFFERBLÄTTER UND NELKENPFEFFER

Vom auf Jamaika kultivierten Nelkenpfefferbaum werden die Blätter und die Früchte verwendet. Die Blätter werden getrocknet, die Früchte getrocknet und gemahlen. Unter anderem sind sie Bestandteil des Viergewürzes – Quatre-épices.

OKRASCHOTEN (GOMBOS)

Vor allem auf Haiti werden Okraschoten häufig verwendet, da sie preiswert und vielseitig einsetzbar sind. Ursprünglich sind sie in Afrika und Asien beheimatet.

PAPRIKA

Findet in unzähligen karibischen Gerichten Verwendung, frisch in Stücke geschnitten oder als Gewürz, zum Beispiel im Sofrito.

ROHRZUCKER

Überall in der Karibik wird mit gemahlenem Rohrzucker gesüßt. Auch zur Herstellung von Rum wird er angebaut.

SÜSSKARTOFFEL

Knollengemüse mit orange- bis rosafarbenem Fruchtfleisch und leicht süßlichem Geschmack. Sie kann auf ganz unterschiedliche Arten zubereitet werden.

Ananas | Feigenbananen | Rohrzucker | Chayote

Kokosnuss | Corossol (Stachelannone) | Erdnussbutter | Brotfrucht

Okraschoten (Gombos) | Mango | Maniok | Jerk-Paste

Paprika | Colombopulver | Rohrzucker | Grüne Bananen (Ti-Nain)

JAMAIKA

Die Küche Jamaikas ist reich an Einflüssen aus den unterschiedlichsten Kulturen. Die Arawaks, Einwanderer aus Europa, China und auch Indien trugen zur großen Vielfalt der Aromen und Gewürze bei. Auch die Afrikaner hatten einen starken Einfluss auf die jamaikanische Esskultur, ihnen verdankt die Insel auch einige ganz spezielle Zubereitungsarten, zum Beispiel das Jerk-Cooking. Siedler und indigene Völker haben die jamaikanische Küche gleichsam geprägt. Mit dem Klima, dem fruchtbaren Boden und der guten Wasserqualität fanden sie die besten Voraussetzungen für eine gesunde, abwechslungsreiche und wertvolle Ernährung vor.

Die jamaikanische Küche ist zudem geprägt von der Rastafari-Bewegung und dem Ital-Lifestyle. Auf Guadeloupe, wo ich geboren bin, begann sich die Rastafari-Community in den späten 1970er-Jahren auszubreiten. In meiner Jugend habe ich diese Lebensweise und Ernährungsform natürlich in mich aufgesogen. Während viele typisch jamaikanische Gerichte Fleisch oder Fisch enthalten, ist die Ital-Küche vegetarisch oder vegan.

Der Name Ital leitet sich aus dem englischen Wort vital ab. Ital Food steht für Ernährung im Einklang mit der Natur. Rastafaris haben einen besonderen Zugang zum Essen: Sowohl die Zubereitung als auch das Essen selbst sollen gesund sein, alle Zutaten so natürlich und rein wie möglich. Verarbeitete Lebensmittel, Zusatzstoffe, Öl, Salz und Zucker werden daher so weit wie möglich vermieden. Der Verzehr von Fleisch ist verboten, denn durch eine vegetarische oder vegane Ernährungsform trägt man dazu bei, sich mit der universellen Energie und Lebenskraft respektvoll zu verbinden. Jegliche Grausamkeit gegenüber den Geschöpfen Gottes wird abgelehnt. Durch die Ernährung werden heilende Kräfte, die Strucha, für den Körper aktiviert, was so viel wie »innere Harmonie« bedeutet, ebenso wie die Livety, die »Lebensenergie«.

Die Entscheidung, sich Ital zu ernähren, kann spirituelle oder gesundheitliche Gründe haben oder sie geschieht einfach aus Liebe und Mitgefühl den Tieren gegenüber. Diese Ernährungsform wird jedoch nie als Zwang oder Einschränkung angesehen. Auf jeden Fall sind beide Kochrichtungen, Ital oder jamaikanisch, sehr lecker. Wenn Sie die wunderbaren Geschmackserlebnisse noch nicht kennen, lassen Sie sich von diesen raffinierten Rezepten inspirieren!

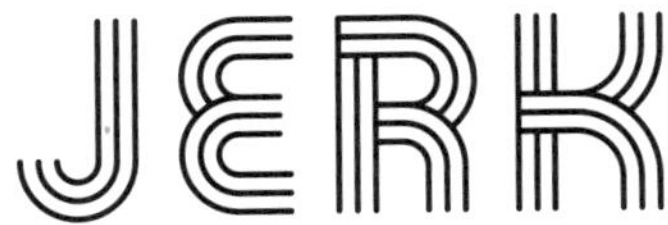

JERK

FÜR 1 KLEINES GLAS JERK-GEWÜRZ UND 1 KLEINES GLAS JERK-MARINADE / ZUBEREITUNG: 10 MINUTEN

Jerk ist nicht nur eine Zubereitungsart, sondern auch die für Jamaika charakteristische Würze. Es gibt Jerk in zwei Formen: als trockene Gewürzmischung und als mehr oder weniger dickflüssige Marinade, die man normalerweise mit scharfen Chilis zubereitet. Sie können die Schärfe aber nach Belieben anpassen. Eine wahre Geschmacksexplosion im Mund, aromatisch und unvergleichlich.

JERK-GEWÜRZ

1 EL Knoblauchpulver
1 TL Zwiebelpulver
1 TL Salz
1 EL Ingwerpulver
1 EL schwarze Pfefferkörner
2 EL Rohrzucker
1 EL gemahlener Zimt
1 TL geriebene Muskatnuss
1 TL Viergewürz (Quatre-épices, optional)
1 TL getrockneter Thymian
1 TL Paprikapulver
1 Prise Kreuzkümmel
2 zerriebene Gewürznelken

JERK-MARINADE

1 milde Chilischote
1 Stück Ingwer, geschält (ca. 10 g)
5 Frühlingszwiebeln (weißer und grüner Teil)
4 Knoblauchzehen
1 TL Salz
2 Gewürznelken
2 EL schwarze Pfefferkörner
1 EL gemahlener Zimt
1 TL geriebene Muskatnuss
3 EL Rohrzucker
2 Zweige Thymian (ohne Stiele)
60 ml gesalzene Sojasauce
100 ml Sonnenblumenöl
Saft von 2 Limetten

JERK-GEWÜRZ

1. Alle Gewürze in einer Schüssel vermischen und in ein Glas füllen. Die Mischung kann an einem trockenen und kühlen Ort bis zu zwei Jahre lang aufbewahrt werden.

JERK-MARINADE

1. Die Chilischote waschen, entkernen und in kleine Stücke schneiden.

2. Ingwer und Frühlingszwiebeln klein hacken.

3. Alle Zutaten in einen Mixer geben und mixen, bis eine homogene Masse entsteht. In Gläser füllen und im Kühlschrank aufbewahren, innerhalb von 10 Tagen verbrauchen.

TIPPS

> Mit der Jerk-Gewürzmischung können Sie alle jamaikanischen Rezepte in diesem Buch verfeinern. Eine Prise reicht aus, um jedes Gericht aufzuwerten.
> Die Jerk-Marinade kann bis zu 3 Monate im Gefrierfach aufbewahrt werden. Verwenden Sie sie für die folgenden Rezepte: Jerk-Soja mit Reis und Bohnen (S. 34), Jerk-Tofu (S. 37).
> Für eine pikantere Jerk-Marinade ersetzen Sie die milde Chili durch eine scharfe Chilischote.

MAISMUFFINS

FÜR 8 MUFFINS / ZUBEREITUNG: 5 MINUTEN / KOCHZEIT: 15 MINUTEN / RUHEZEIT: 5 MINUTEN / HALTBARKEIT: 5 TAGE IN EINEM LUFTDICHTEN BEHÄLTER

Diese saftigen und luftigen Maismuffins werden traditionell zum Frühstück oder als Beilage zu den Mahlzeiten gegessen.

240 ml pflanzliche Milch
1 EL Apfelessig
60 ml Ahornsirup
50 g pflanzliche Butter, zerlassen
50 g Kokosblütenzucker
150 g Maismehl
150 g Mehl
2 TL Backpulver

1. Den Backofen auf 180 °C vorheizen. Die Muffinformen vorbereiten.

2. In einer kleinen Schüssel Pflanzenmilch und Apfelessig verquirlen und 5 Minuten stehen lassen, bis die Mischung schäumt.

3. Ahornsirup, zerlassene Butter und Kokosblütenzucker dazugeben und gut verrühren.

4. In einer großen Schüssel die restlichen Zutaten miteinander verrühren, die Essigmischung hinzugeben und alles gut vermischen.

5. Den Teig auf die Muffinförmchen verteilen und 15 Minuten backen. Garprobe mit einem Holzstäbchen machen: Wenn kein Teig mehr kleben bleibt, sind die Muffins fertig.

HEMA
Made in Bulgaria

MAISBROT

ZUBEREITUNG: 15 MINUTEN / KOCHZEIT: 20 MINUTEN

Was das Brötchen für Deutschland und das Baguette für Frankreich ist, ist das Maisbrot für die Karibik. In Jamaika wird es üblicherweise zum Frühstück mit Porridge serviert (S. 23, 24 und 26). Man kann es sowohl zu süßen als auch zu herzhaften Speisen genießen.

1 EL Leinsamen, gemahlen
275 ml Sojamilch
1 EL Apfelessig
150 g Maismehl
150 g Weizenmehl
2 TL Backpulver
1 Prise Salz
1 Prise Pfeffer
60 ml Ahornsirup
50 g pflanzliche Butter, zerlassen
1 EL Sonnenblumenöl

1. Eine 20 x 20 cm große Backform mit Backpapier auslegen. Den Backofen auf 200 °C vorheizen. In einem kleinen Glas die gemahlenen Leinsamen mit 2–3 EL Wasser gut vermischen. Zum Aufquellen beiseitestellen.

2. In einer kleinen Schüssel Sojamilch und Apfelessig verrühren. In einer größeren Schüssel Maismehl, Weizenmehl, Backpulver, Salz und Pfeffer mischen.

3. Die aufgequollenen Leinsamen in die kleine Schüssel zur Essigmischung geben, dann Ahornsirup, zerlassene Pflanzenbutter und Sonnenblumenöl hinzufügen und gut verrühren. Jetzt alles in die große Schüssel geben und vermischen, bis ein homogener Teig entsteht.

4. Den Teig in die vorbereitete Backform füllen und für 20 Minuten in den Ofen schieben (Garprobe mit einem Holzstäbchen machen). Vor dem Anschneiden vollständig abkühlen lassen.

TIPPS

- Im Falle einer Glutenunverträglichkeit verwenden Sie anstelle des Weizenmehls ein beliebiges glutenfreies Mehl.
- Statt Ahornsirup können Sie auch Agavensirup verwenden.

ERDNUSS-PORRIDGE

FÜR 2–3 PORTIONEN / ZUBEREITUNG: 5 MINUTEN / KOCHZEIT: 10 MINUTEN

Porridge ist ein gemeinsames Erbe unserer afrikanischen Vorfahren und schottischer Einwanderer, die in den frühen 1900er-Jahren nach Jamaika kamen. Er steht für die Vielfalt der karibischen Kulturen, wie wir sie heute kennen. Eine traditionelle afrikanische Mahlzeit bestand in der Regel aus einem stärkehaltigen Brei, der Fufu genannt wird. Maniok, Kochbananen oder Mais wurden erst in einem Mörser zerstoßen und dann in Wasser oder Milch zu einem Brei gekocht. Diese Tradition wurde von den afrikanischen Sklaven, die auf den Plantagen arbeiteten, weitergeführt. In Kombination mit dem traditionellen schottischen Porridge ist es zu einem Frühstück geworden, das in der gesamten Karibik gegessen wird.

- 65 g Erdnüsse (mit oder ohne Haut) plus mehr zum Garnieren
- 400 ml Kokosmilch
- ½ TL geriebene Muskatnuss
- 1 Zimtstange
- 1 TL Vanilleextrakt
- 75 g Maisstärke
- 1 Prise Salz
- süße Kokoscreme nach Belieben (S. 78) oder ein flüssiges Süßungsmittel

1. Erdnüsse, Kokosmilch und 250 ml heißes Wasser im Mixer pürieren und anschließend in einen Topf gießen.

2. Muskatnuss, Zimtstange und Vanilleextrakt hinzufügen, gut umrühren und bei mittlerer Temperatur erhitzen.

3. Wenn die Mischung zu kochen beginnt, die Zimtstange entfernen, auf niedrige Hitze herunterschalten und die Maisstärke hinzufügen. Umrühren, bis das Porridge beginnt, dicker zu werden. Eine Prise Salz zufügen und nach Belieben mit süßer Kokoscreme abschmecken.

4. Mit Erdnüssen garnieren und mit Muskatnuss bestreuen. Noch warm servieren.

TIPP

> Um ein Verklumpen zu vermeiden, können Sie die Maisstärke vorher mit etwas Flüssigkeit anrühren, bevor Sie sie in den Topf geben.

MANDEL-PORRIDGE

FÜR 2 PORTIONEN / ZUBEREITUNG: 5 MINUTEN / KOCHZEIT: 15 MINUTEN

Cremig, sahnig und nussig – dieses typisch karibische Frühstück ist ebenso köstlich wie reichhaltig. Es gibt viele Variationen des jamaikanischen Porridges, je nach Region, Familientradition oder einfach nur nach Lust und Laune, aber allen ist gemeinsam, dass zum Eindicken Stärke, zum Beispiel Tapioka, verwendet wird. Dieses Porridge, mit dem ich aufgewachsen bin, wird mit gerösteten Mandeln, Kokosmilch und süßer Kokoscreme gekocht.

- 75 g geröstete Mandeln
- 120 ml Mandelmilch
- 2 EL Kokosmilch
- ½ TL geriebene Muskatnuss
- 1 TL Zimt
- 1 EL Vanillezucker
- 1 Prise Salz
- 1 EL Tapiokastärke
- 2 EL süße Kokoscreme nach Belieben (S. 78)

1. Die Mandeln mit 180 ml Wasser im Mixer vermischen, bis ein glatter Brei entsteht. In einen Topf gießen.

2. Mandelmilch, Kokosmilch, Gewürze, Vanillezucker und Salz zugeben und unter ständigem Rühren zum Kochen bringen.

3. Tapiokastärke mit 2 EL Wasser in einer Tasse anrühren, in den kochenden Brei geben, die Hitze reduzieren und weiterrühren, bis das Porridge eindickt (ca. 10 Minuten). Es sollte eine cremige Textur wie ein Pudding haben. Zum Schluss die süße Kokoscreme oder ein Süßungsmittel nach Wahl hinzufügen, gut umrühren und sofort heiß servieren.

TIPPS

> Sie können die Tapiokastärke durch Maisstärke ersetzen.
> Wenn Ihnen das Porridge beim Kochen zu dick erscheint, geben Sie etwas Wasser oder Pflanzenmilch hinzu. Wenn es zu flüssig ist, etwa 10 Minuten weiterkochen lassen, bis die Mischung cremig und dicker wird.
> Beim Abkühlen wird das Porridge fest. Es bekommt wieder seine ursprüngliche Konsistenz, wenn Sie es unter Zugabe von etwas Milch oder Wasser aufwärmen.

MAISPORRIDGE

FÜR 3–4 PORTIONEN / ZUBEREITUNG: 5 MINUTEN / KOCHZEIT: 10 MINUTEN

Diese Variante des jamaikanischen Porridges ist ebenfalls sehr beliebt. Mais ist eine der am häufigsten verwendeten Zutaten der karibischen Küche.

150 g Maisgrieß extrafein
300 ml Kokosmilch
½ TL geriebene Muskatnuss
1 Zimtstange
1 TL Vanilleextrakt
1 Prise Salz
süße Kokoscreme nach Belieben (S. 78) oder flüssiges Süßungsmittel nach Wahl

1. In einer Schüssel den Grieß mit 300 ml lauwarmem Wasser anrühren.

2. Kokosmilch, 500 ml heißes Wasser, die Gewürze und das Vanilleextrakt in einen Topf geben. Zum Kochen bringen, den Grießbrei dazugeben und gut verrühren, bis keine Klumpen mehr vorhanden sind. Bei schwacher Hitze 15–20 Minuten unter gelegentlichem Rühren kochen. Wenn das Porridge zu dick wird, etwas Wasser hinzufügen.

3. Eine Prise Salz einstreuen und mit süßer Kokoscreme oder einem flüssigen Süßungsmittel nach Wahl abschmecken. Mit Muskatnuss bestreuen und heiß servieren.

KICHERERBSENCURRY MIT KOKOSREIS

FÜR 4 PERSONEN / ZUBEREITUNG: 5 MINUTEN / KOCHZEIT: 55 MINUTEN

Dieses Ital-Curry ist ein wärmendes, reichhaltiges Gericht. Wie viele Rezepte der Rastafari-Bewegung ist es eine Mischung aus Gemüse, Kräutern und Gewürzen, die in Kokosmilch geschmort werden. Traditionell wird in der Ital-Küche frisch pürierte Kokosmilch verwendet, aber Sie können auch zu Kokosmilch aus der Dose greifen.

KICHERERBSENCURRY

2 EL neutrales Öl
2 Lorbeerblätter
1 Kapsel Kardamom
3 Gewürznelken
1 TL Korianderkörner
1 TL Kreuzkümmel
1 Zwiebel, gewürfelt
1 kleines Stück Ingwer, geschält, klein geschnitten
4 Knoblauchzehen
2 EL Colombopulver (S. 104) oder Garam Masala
2 Kartoffeln, geschält und gewürfelt
2 kleine Karotten, geschält und gewürfelt
400 g passierte Tomaten
1 Dose Kichererbsen (250 g, abgespült und abgetropft)
480 ml frische Kokosmilch (oder aus der Dose)
1 TL Salz
½ TL Pfeffer
120 ml Gemüsebrühe

KOKOSREIS

400 ml frische Kokosmilch (oder aus der Dose)
1 EL Kokosöl
1 TL Salz
Pfeffer
2 Frühlingszwiebeln, gehackt
220 g Langkornreis

KICHERERBSENCURRY

1. Öl in einer großen Pfanne oder einem Topf erhitzen, Lorbeerblatt, Kardamom, Nelken, Koriander und Kreuzkümmel hinzufügen. Wenn die Gewürze anfangen zu duften, Zwiebel, Ingwer, Knoblauch und Colombopulver dazugeben und gut verrühren.

2. Kartoffel- und Karottenwürfel hinzufügen und gut umrühren, die passierten Tomaten darübergießen. Zugedeckt 15 Minuten köcheln lassen.

3. Kichererbsen, Kokosmilch, Salz, Pfeffer und Gemüsebrühe zugeben. Umrühren und zugedeckt weiter köcheln lassen, bis das Gemüse weich und die Flüssigkeit reduziert ist.

KOKOSREIS

1. Kokosmilch, Kokosöl, Salz, etwas Pfeffer und Frühlingszwiebeln in einen großen Topf geben und zum Kochen bringen. Den Reis hinzufügen und gut umrühren. Hitze reduzieren und zugedeckt köcheln lassen.

2. Wenn der Reis die gesamte Kokosmilch aufgesogen hat, vom Herd nehmen, umrühren und 5 Minuten zugedeckt quellen lassen. Mit dem Curry anrichten und servieren.

PATTYS

FÜR 8 STÜCK / ZUBEREITUNG: 15 MINUTEN / KOCHZEIT: 25 MINUTEN

Diese gefüllten Teigtaschen sind eine Hommage an meine Herkunft und meine Kultur. Ihr Geschmack bringt mir meine Kindheit in der Karibik zurück. Überall, vor allem in Jamaika, werden sie an jeder Straßenecke verkauft, Streetfood-Trucks oder auch Bäckereien servieren sie heiß. Besonders gut schmecken sie mit einer scharfen Sauce und einem kühlen Ginger Beer.

FÜLLUNG

150 g Seitan
100 g Champignons
100 g stückige Tomaten aus der Dose
1 EL Leinsamen
2 Knoblauchzehen
1 TL Kreuzkümmel
1 Prise Salz
1 TL eingelegte Chilischoten (S. 109)

TEIG

180 g Weizenmehl (oder Hafermehl für eine glutenfreie Variante)
40 g Maisstärke
1 EL Leinsamen, gemahlen
1 TL Backpulver
1 Prise Salz
1 EL Currypulver
1 EL Kurkumapulver
50 g pflanzliche Butter
150 ml Mandelmilch

FÜLLUNG

1. Alle Zutaten für die Füllung gut vermixen.

TEIG

1. Den Backofen auf 200 °C vorheizen.

2. In einer großen Schüssel Mehl, Maisstärke, Leinsamen, Backpulver, Salz und Gewürze mischen.

3. Butter in kleine Würfel schneiden und unter die Mischung geben. Milch hinzugießen und gut verrühren. Anschließend mit den Händen zu einem glatten Teig kneten und in acht gleich große Teile portionieren.

4. Kleine Kugeln formen und zwischen zwei Lagen Backpapier zu Kreisen mit einem Durchmesser von etwa 10 cm ausrollen. Mit 1 EL Füllung belegen. Zusammenklappen und die Ränder mit einer Gabel andrücken.

5. Pattys auf ein mit Backpapier ausgelegtes Backblech legen und 25 Minuten bei 200 °C backen.

TIPP

> Die Pattys können entweder roh oder auch gebacken für mehrere Monate im Gefrierfach aufbewahrt werden. Roh eingefrorene Pattys nehmen Sie aus der Kühlung und backen sie ohne vorheriges Auftauen. Waren die eingefrorenen Pattys schon fertig gebacken, aus der Kühlung nehmen, kurz bei Raumtemperatur antauen lassen und für etwa 10 Minuten bei 180 °C in den Backofen schieben.

GEMÜSESUPPE

FÜR 4 PERSONEN / ZUBEREITUNG: 5 MINUTEN / KOCHZEIT: 45 MINUTEN

Meine Mutter bereitete uns diese wärmende Suppe jeden Sonntag zu, um das übrig gebliebene Gemüse der Woche zu verwerten. Nehmen Sie einfach alles an Gemüse, was Sie zur Verfügung haben.

1 EL Sonnenblumenöl

1 Zwiebel, in mittelgroße Stücke geschnitten

3 Knoblauchzehen, klein gehackt

2 Zweige Thymian

1 TL Jerk-Gewürz (S. 16) oder Viergewürz (Quatre-épices, optional)

1 kleines Stück Ingwer, geschält und gehackt

1 EL Kurkuma

1 EL Korianderpulver

1 l Gemüsebrühe

1 Süßkartoffel, geschält, in Würfel geschnitten

1 kleine Chayote, in Würfel geschnitten (mit Schale)

1 große Handvoll Grünkohl, gut gewaschen

1 große Handvoll Jungspinat, gut gewaschen

200 ml Kokosmilch

200 g stückige Tomaten aus der Dose

Saft von 1 Limette

Salz, Pfeffer

1. Öl in einem großen Topf erhitzen, Zwiebel, Knoblauch und Thymian hinzufügen und anschwitzen.

2. Gewürze hinzufügen, gut umrühren und 30 Sekunden sautieren, dann mit Gemüsebrühe aufgießen und Süßkartoffel- und Chayotewürfel hinzugeben. Zum Kochen bringen, die Hitze reduzieren und zugedeckt 15 Minuten köcheln lassen.

3. Grünkohl und Spinat zugeben und 15 Minuten weiter kochen.

4. Kokosmilch, Tomaten und Limettensaft zugeben, gut umrühren, auf ganz niedrige Hitze herunterschalten und weitere 15 Minuten schmoren. Mit Salz und Pfeffer nach Belieben würzen.

ONE

JERK-SOJA MIT BOHNENREIS

FÜR 4 PERSONEN / ZUBEREITUNG: 15 MINUTEN / MARINIEREN: ÜBER NACHT / KOCHZEIT: 1 STUNDE UND 15 MINUTEN

Jerk ist die Bezeichnung für eine spezielle Zubereitungsmethode, bei der die Hauptzutat lange in der gleichnamigen Gewürzmischung oder Marinade eingelegt wird (S. 16), bevor sie auf einem Grill über glühenden Kohlen gegart wird. Dabei entsteht ein kräftiges Räucheraroma, das für Jerk-Gerichte typisch ist. Diese Zubereitungsart stammt ursprünglich von den Taínos, sie wurde später von den afrikanischen Sklaven übernommen und ist heute fester Bestandteil der karibischen Esskultur.

JERK-SOJA

150 g grobe Soja-Schnetzel
Jerk-Marinade (S. 16)
1 EL Sonnenblumenöl
1 Limette

BOHNENREIS

1 Schalotte, gehackt
2 Selleriestangen, in Scheiben geschnitten
3 Knoblauchzehen
2 Zweige Thymian
1 EL Jerk-Marinade (S. 16)
200 ml Kokosmilch
1 TL Salz
1 Prise Pfeffer
1 Dose rote Bohnen (400 g), mit Sud
1 Habanero
210 g Reis

1. Am Vortag die Soja-Schnetzel mit kochendem Wasser übergießen und 30 Minuten quellen lassen. Abtropfen lassen und gut ausdrücken, um überschüssiges Wasser auszupressen. In eine Dose oder einen Gefrierbeutel legen, Jerk-Marinade hinzugeben und durchmischen, bis alles gut durchtränkt ist. Über Nacht kühl stellen.

2. Für den Bohnenreis in einem Topf oder einer großen Pfanne 480 ml Wasser zum Kochen bringen. Alle Zutaten außer dem Reis hinzufügen, die Hitze reduzieren und zugedeckt 15 Minuten köcheln lassen.

3. Den Reis hinzufügen, umrühren und etwa 45 Minuten kochen. Ist der Reis gar, den Herd ausschalten. Den Topf auf der Herdplatte stehen lassen und den Reis weitere 15 Minuten zugedeckt ziehen lassen.

4. Eine Pfanne oder Grillpfanne mit Öl bepinseln, die marinierten Soja-Schnetzel unter ständigem Wenden von allen Seiten grillen. Sie müssen stark angebraten werden, bis sie eine dunkle Farbe angenommen haben. Mit Bohnenreis als Beilage und mit Limettensaft beträufelt servieren.

TIPPS

> Wenn möglich, bereiten Sie das Jerk-Soja auf dem Grill zu.
> Anstelle der Soja-Schnetzel können Sie andere Fleischersatzprodukte oder ein Gemüse Ihrer Wahl (Champignons, Zucchini, Paprika ...) verwenden.

JERK-TOFU MIT KOCHBANANEN

FÜR 4 PERSONEN / ZUBEREITUNG: 10 MINUTEN / KOCHZEIT: 30 MINUTEN

Hier stelle ich Ihnen ein weiteres Jerk-Gericht vor. Die köstliche, raffinierte Jerk-Marinade wird mit Sicherheit auch alle überzeugen, die eigentlich keinen Tofu mögen.

JERK-TOFU

400 g extrafester Tofu
4 EL Jerk-Marinade (S. 16)
1 EL Sonnenblumenöl
1 Limette

GEBACKENE KOCHBANANEN

2 Kochbananen
Kokosnussöl

Bohnenreis (S. 34)

JERK-TOFU

1. Am Vortag den Tofu gründlich auspressen. Dieser Schritt ist unbedingt notwendig. In Rechtecke schneiden und in eine Dose geben. Die Jerk-Marinade gleichmäßig über dem Tofu verteilen, über Nacht in den Kühlschrank stellen.

2. Eine Pfanne oder Grillpfanne mit Öl bepinseln und erhitzen. Die Tofustücke aus der Marinade nehmen und in der Pfanne von allen Seiten anbraten, immer wieder wenden. Der Tofu muss stark angebraten werden, bis er eine dunkle Farbe angenommen hat. Mit Bohnenreis (S. 34), Kochbananen als Beilage und mit Limettenscheiben garniert servieren.

GEBACKENE KOCHBANANEN

1. Den Backofen auf 200 °C vorheizen. Ein Backblech mit Backpapier auslegen und mit Kokosöl bestreichen.

2. Die Kochbananen schälen und schräg in Scheiben schneiden. Die Scheiben auf das Backblech legen, jede Scheibe mit etwas Kokosöl bestreichen und für 15 Minuten backen. Nach der Hälfte der Backzeit wenden.

TIPPS

- Wenn möglich, bereiten Sie Jerk-Tofu auf dem Grill zu.
- Anstelle von Tofu können Sie andere Fleischersatzprodukte oder ein Gemüse Ihrer Wahl (Champignons, Zucchini, Paprika …) verwenden.

FRITTIERTE BANANENBLÜTEN

FÜR 4 PERSONEN / ZUBEREITUNG: 15 MINUTEN / KOCHZEIT: 12 MINUTEN

Bananenblüten werden in der Ital-Küche häufig verwendet, da sie in der Karibik leicht zu finden sind und sie sich dank ihrer fluffigen Textur hervorragend als Fischersatz eignen. Es ist einfach, sie mit ein paar wenigen Zutaten sehr schmackhaft zuzubereiten und wie in diesem Rezept zu backen oder zu frittieren.

1 Dose ganze Bananenblüten (ca. 500 g)

Pflanzenöl zum Frittieren

PANIERMISCHUNG TROCKEN

150 g Weizenmehl

½ TL Backpulver

½ TL Knoblauchpulver

1 Prise Pfeffer

1 TL Jerk-Gewürz (S. 16)

2 zermahlene Nori-Blätter

PANIERMISCHUNG FLÜSSIG

150 g Weizenmehl

½ TL Kurkuma

2 EL Kapernsud (aus dem Glas)

1 EL Zitronensaft

150 ml Ginger Beer

1 TL Salz

1. Die Bananenblüten abtropfen lassen, kalt abspülen und mit Küchenpapier abtrocknen.

2. Die Zutaten für die trockene Paniermischung in einen tiefen Teller geben und mischen. In einem weiteren tiefen Teller die Zutaten für die flüssige Paniermischung verrühren. Diese sollte recht dickflüssig sein, ähnlich wie ein Donut-Teig.

3. Das Öl zum Frittieren in einem hohen Topf erhitzen.

4. Jede Bananenblüte zuerst in der trockenen Paniermischung wälzen, dann in die flüssige Paniermischung tauchen und im heißen Öl für etwa 4 Minuten frittieren. Ab und zu wenden. Die Bananenblüten mit einer Schaumkelle herausnehmen und auf Küchenpapier legen, um überschüssiges Öl abtropfen zu lassen.

TIPP

> Bananenblüten gibt es in Dosen zu kaufen. Sie finden sie unter anderem in Asialäden und natürlich online.

JAMAIKANISCHER KAROTTENKUCHEN

FÜR EINEN KUCHEN (8 STÜCKE) / ZUBEREITUNG: 20 MINUTEN / BACKZEIT: 1 STUNDE

Dieser Kuchen ist kein klassischer Karottenkuchen! Er begeistert mit karibischen Aromen und ist perfekt für jeden Anlass.

KAROTTENKUCHEN

280 g Weizenmehl
1½ TL Backpulver
½ TL Natron
100 g Kokosblütenzucker
3 EL Kokosraspel
1 EL Zimt
½ EL geriebene Muskatnuss
1 Prise Salz
100 ml Sojamilch (oder andere pflanzliche Milch)
60 ml Pflanzenöl (Rapsöl)
350 g Karottenmus (S. 44)
1 Karotte, gerieben
1 Schuss brauner Rum
1 EL Vanilleextrakt

KOKOSGLASUR

400 ml Kokosmilch
2 EL Puderzucker
1 TL Vanilleextrakt

1. Den Backofen auf 175 °C vorheizen und die zwei Springformen (16 cm Durchmesser) mit Backpapier auslegen. Die Kokosmilch für die Glasur für mindestens 2 Stunden in den Kühlschrank stellen.

2. In einer großen Schüssel Mehl, Backpulver, Natron, Kokosblütenzucker, Kokosraspel, Zimt, Muskatnuss und Salz mischen. In einer zweiten Schüssel Sojamilch, Pflanzenöl, Karottenmus, Karotte, Rum und Vanilleextrakt verquirlen. Zu den trockenen Zutaten gießen und alles gut verrühren. Den Teig in die vorbereiteten Springformen verteilen. Etwa 1 Stunde backen. Garprobe mit einem Holzstäbchen machen: Wenn kein Teig mehr haften bleibt, ist der Kuchen fertig.

3. In der Zwischenzeit die Glasur zubereiten. Dazu auch die Rührschüssel und die Quirle des Handmixers 15 Minuten kühlen.

4. Kokosmilch, Puderzucker und Vanille in die gekühlte Rührschüssel geben und etwa 5 Minuten aufschlagen, bis sich kleine Spitzen bilden. Die Schüssel für eine weitere Stunde in den Kühlschrank stellen.

5. Die Kuchen leicht abkühlen lassen und aus den Springformen nehmen. Die Oberseite eines Kuchens großzügig mit Kokoscreme bestreichen. Den zweiten Kuchen aufsetzen und leicht andrücken. Die restliche Kokoscreme mit einem Spatel auf den Ober- und Außenseiten des Kuchens verteilen, glatt streichen.

6. Sofort servieren oder zum Aufbewahren in den Kühlschrank stellen.

SÜSSKARTOFFEL-PUDDING

FÜR 6 PORTIONEN (1 MITTELGROSSE FORM ODER 6 KLEINE FÖRMCHEN) / ZUBEREITUNG: 15 MINUTEN / KOCHZEIT: 45 MINUTEN

Dieses legendäre Dessert gehört zum Repertoire aller jamaikanischer Großmütter. Es zergeht auf der Zunge und ist herrlich saftig. Ganz traditionell wird der Süßkartoffelpudding über einem Holzfeuer gedämpft, wodurch die süßen Aromen der hellfleischigen Süßkartoffel und der Kokosmilch besonders intensiv zur Geltung kommen. Das dauert aber sehr lange. Hier stelle ich Ihnen eine schnelle Version vor, eine Zubereitung im Backofen. Auch mit dieser Garmethode bleiben der Geschmack und die Textur des Desserts einfach unvergleichlich.

3 hellfleischige Süßkartoffeln (ca. 850 g)
400 ml Kokosmilch
1 EL Vanilleextrakt
1 Schuss brauner Rum
200 g Weizenmehl (oder Reismehl)
100 g Kokosblütenzucker
1 TL Backpulver
30 g Kokosraspel
1 TL Zimt
1 TL geriebene Muskatnuss
30 g Rosinen

1. Den Backofen auf 180 °C vorheizen.

2. Die Süßkartoffeln waschen, schälen und in eine Schüssel reiben.

3. Kokosmilch, Vanilleextrakt und Rum hinzufügen und gut verrühren.

4. Mehl, Kokosblütenzucker, Backpulver, Kokosraspel, Zimt, Muskatnuss und Rosinen dazugeben und gut vermischen.

5. In eine ofenfeste Form oder kleine Auflaufförmchen geben und für etwa 45 Minuten in den Backofen schieben, bis die Oberseite leicht angebräunt ist.

TIPPS

> Für dieses Rezept müssen unbedingt hellfleischige Süßkartoffeln verwendet werden. Sie werden beim Kochen weicher und enthalten mehr Stärke, wodurch dieses Dessert besonders fluffig wird.

> Zum Reiben der Süßkartoffeln empfiehlt sich eine Küchenmaschine.

JAMAIKANISCHER KAROTTENSAFT

FÜR CA. 6 GLÄSER / ZUBEREITUNG: 10 MINUTEN

Dieser erfrischende Saft ist perfekt für heiße Sommertage. Sie können daraus ganz leicht einen Cocktail machen, indem Sie in Schritt 2 zusammen mit den anderen Zutaten etwas Rum hinzufügen.

- 500 g Karotten
- 1 Stück Ingwer (ca. 5 cm), geschält
- 1 TL geriebene Muskatnuss
- 1 TL Zimt
- 1 EL Vanilleextrakt
- 50 g süße Kokoscreme (S. 78) oder ein Süßungsmittel nach Wahl

1. Die Karotten waschen, putzen und in Stücke schneiden.
2. Mit den übrigen Zutaten und 500 ml Wasser vermixen.
3. Den Saft durch ein Sieb oder einen Pflanzenmilchbeutel filtern. Das im Filter verbleibende Karottenmus kann gut für den Karottenkuchen (S. 40) verwendet werden.
4. Mit Eiswürfeln servieren oder gekühlt aufbewahren.

FERMENTIERTES GINGER BEER

ZUTATEN FÜR 2 FLASCHEN À 1,5 L / ZUBEREITUNG: 10 MINUTEN / KOCHZEIT: 35 MINUTEN / ZIEHZEIT: 12 STUNDEN / GÄRZEIT: 10 TAGE

Mit diesem Rezept stelle ich Ihnen eine Neuinterpretation des traditionellen jamaikanischen Ginger Beers vor. Neuinterpretation deswegen, weil in Jamaika Ginger Beer nicht fermentiert wird, sondern wie eine Limonade ist. Für eine unfermentierte Version können Sie den Weinsteinrahm einfach weglassen und das Ginger Beer schon am nächsten Tag genießen!

200 g frischer Ingwer, geschält
Saft von 2 Limetten
3 Gewürznelken
150 g Rohrzucker
1 EL Weinsteinrahm

1. Den Ingwer reiben und mit 2,5 l Wasser und dem Limettensaft aufgießen.

2. In einen Topf geben und zum Kochen bringen, die Hitze reduzieren und 30 Minuten köcheln lassen.

3. Gewürznelken und Zucker hinzufügen. Gut umrühren, vom Herd nehmen und zugedeckt für mindestens 12 Stunden ziehen lassen.

4. Am nächsten Tag filtern, den Weinsteinrahm gut untermischen und das Ginger Beer in Flaschen abfüllen. Etwa zehn Tage in den unverschlossenen Flaschen gären lassen. Mit Eiswürfeln servieren.

TIPPS

> Sie können den Ingwer auch ungeschält verwenden, wenn er aus biologischem Anbau stammt. Sie müssen ihn dann nur gut waschen. Die Farbe des Ginger Beers wird dadurch etwas dunkler.

> Der Weinsteinrahm kann durch 1/4 TL Trockenhefe ersetzt werden.

> Das Ginger Beer schmeckt auch schon vor Ablauf der 10-tägigen Fermentierung vorzüglich.

KUBA & PUERTO RICO

STAUB
STAUB

Auch wenn es eine weit verbreitete Vorstellung ist, besteht die lateinamerikanische Küche der Karibik keineswegs nur aus Fleisch und Käse. Aufgrund der geografischen und politischen Situation sind auf Kuba und Puerto Rico tierische Produkte tatsächlich weniger verbreitet und sie sind teurer als das wesentlich preiswertere Obst und Gemüse. Einen wichtigen Platz auf dem Speiseplan nehmen auch Produkte ein, die getrocknet und konserviert werden können.

Unter den Spezialitäten Kubas und Puerto Ricos gibt es viele köstliche vegane Gerichte, die den Lebensumständen geschuldet sind und nicht etwa das Resultat eines bewussten Verzichts auf Fleisch. Die Basisgerichte werden meist mit Reis, schwarzen Bohnen oder Kürbis zubereitet. Typische Beilagen sind Gemüse, Kochbananen, Süßkartoffeln und Obst. Obst- und Gemüsesalate sind auf Kuba sehr beliebt und oft hört man bei einer Bestellung im Restaurant: »Con ensalada por favor« – mit Salat bitte. Ein traditionelles Frühstück besteht aus Brot, Kokosnüssen, einem Obstteller und Kaffee.

Die Küchen Puerto Ricos und Kubas unterscheiden sich, da auf Puerto Rico europäische und afrikanische Einflüsse wirkten, während die kubanische Küche stärker von der spanischen und karibischen Kultur geprägt ist. Auf Puerto Rico bevorzugt man weißen Reis, während auf Kuba andere Reissorten wie gelber Reis gebräuchlicher sind (Arroz imperial, S. 72). Doch die Gemeinsamkeiten überwiegen bei Weitem. Auf beiden Inseln werden Reis, Bohnen und Kochbananen zu fast jeder Mahlzeit serviert. Aus diesen drei einfachen Zutaten kreieren die Einwohner viele vorzügliche und farbenfrohe Gerichte.

In diesem Kapitel verrate ich Ihnen meine Lieblingsrezepte aus Kuba und Puerto Rico. Sie sind Teil meiner Kindheit und machen mich auch heute noch glücklich.

SOFRITO

ZUBEREITUNG: 5 MINUTEN / HALTBARKEIT: IN EINEM LUFTDICHT VERSCHLOSSENEN GLAS IM KÜHLSCHRANK 2 WOCHEN ODER TIEFGEKÜHLT BIS ZU 3 MONATE

Sofrito ist eine Paprika-Würzpaste, die viele kubanische und puerto-ricanische Gerichte abrundet (Kurzgebratenes, Eintöpfe, Reisgerichte ...). Es wird unter anderem zu Papas rellenas (S. 66) gereicht.

1 grüne Paprikaschote
1 kleine Zwiebel
2 Knoblauchzehen
15 g frischer Koriander
100 ml Olivenöl

1. Die Paprika waschen, entkernen und grob schneiden. Zwiebel und Knoblauch schälen und in große Stücke schneiden.

2. Alle Zutaten im Mixer oder in der Küchenmaschine pürieren. In ein Glas füllen und im Kühlschrank aufbewahren.

VEGANE PASTELITOS

ZUBEREITUNG: 1 STUNDE / KÜHL STELLEN: 8 STUNDEN 30 MINUTEN / KOCHZEIT: 20 MINUTEN

Die kleinen herzhaften Pastelitos dürfen auf keinem kubanischen Fest fehlen. Meistens werden sie mit Picadillo (S. 65) gefüllt. Bei der Herstellung packt die ganze Familie mit an, denn es wird immer eine größere Menge auf einmal zubereitet. Pastelitos sind ein köstliches Vergnügen und zu allen Anlässen beliebt. Man kann sie auch überall auf den Inseln in den Bäckereien fertig kaufen.

BLÄTTERTEIG

120 g pflanzliche Butter
240 g Weizenmehl
1 Prise Salz
40 g pflanzliche Butter (Zimmertemperatur)

FÜLLUNG

Picadillo (S. 65)

ZUM BESTREICHEN

2 EL Agavensirup
1 EL pflanzliche Milch

TIPPS

> Sie können auch fertigen Blätterteig verwenden. Die meisten sind vegan, da sie nicht mit Butter zubereitet werden.

> Ich empfehle, pflanzliche Butter und keine Margarine zu verwenden, da sie fester ist.

AM VORTAG

1. Für den Teig die erste Portion Butter in kleine Stücke schneiden, auf einen Teller geben und ins Gefrierfach stellen.

2. Mehl, Salz und die zimmerwarme Butter in einer großen Schüssel mischen und zu Streuseln verreiben. 120 ml lauwarmes Wasser hinzufügen und gut umrühren, bis ein Teigklumpen entsteht. Die Arbeitsfläche mit Mehl bestäuben und den Teig 10 Minuten mit der Hand kneten. Zu einer Kugel formen, abdecken und 30 Minuten im Kühlschrank ruhen lassen.

3. Den Teig aus dem Kühlschrank nehmen, dünn zu einem Rechteck ausrollen und die Hälfte der kalten Butter auf einer Hälfte des Teige verteilen. Den Teig viermal übereinanderfalten und erneut zu einem Rechteck ausrollen. Den Vorgang mit der übrigen kalten Butter wiederholen. Das so entstandene Teigviereck abdecken und über Nacht kühl stellen.

ZUBEREITUNG

1. Den Teig aus dem Kühlschrank nehmen, wieder ausrollen und erneut falten. Viermal wiederholen. Abdecken und 1 Stunde kühl stellen.

2. Den Teig noch einmal ausrollen und mit einem Ausstechförmchen oder einem Glas kleine Kreise ausstechen. Auf jeden zweiten Kreis 1 EL Picadillo setzen und mit einem weiteren Teigkreis bedecken.

3. Agavensirup und Milch verquirlen und die Pastelitos damit bestreichen. An den Rändern zusammendrücken, die Oberseite mit einer Gabel einstechen, damit beim Backen der Dampf entweichen kann. 20 Minuten bei 200 °C backen, bis sie goldbraun sind.

Yes, fresh berries,
whipped cream can be
How to pick
a wine store

AMARILLOS

FÜR 2 PERSONEN / ZUBEREITUNG: 5 MINUTEN / KOCHZEIT: 10 MINUTEN

Amarillos oder Maduros sind Kochbananen, die man einfach frittiert. Das Geheimnis für perfekte Amarillos ist, nur ganz reife Kochbananen zu verwenden, die schon eine schwarze Schale haben. Nach dem Frittieren können Sie sie mit etwas Salz bestreuen oder mit Limettensaft beträufeln, ganz nach Belieben. Oder einfach natur als Beilage zu einem Gericht Ihrer Wahl essen.

2 sehr reife Kochbananen
Pflanzenöl zum Frittieren
1 Prise Salz

1. Die Kochbananen vorsichtig schälen und schräg in mitteldicke Scheiben schneiden.

2. Öl in einem Wok oder einer Pfanne mit hohem Rand erhitzen. Wenn das Öl heiß ist, die Kochbananenscheiben hineinlegen und 5 Minuten auf jeder Seite frittieren.

3. Herausnehmen und auf Küchenpapier legen, um das überschüssige Öl abtropfen zu lassen. Nach Belieben mit Salz bestreuen. Als Snack noch heiß oder als Beilage zum Beispiel zu Picadillo (S. 65) oder Ropa vieja (S. 62) genießen.

TIPP

> Für eine Version ohne Öl können Sie die Amarillos auch im Backofen (20 Minuten bei 200 °C, nach der Hälfte der Zeit wenden) oder in der Heißluftfritteuse (10 Minuten bei 180 °C) zubereiten.

EMPANADILLAS

FÜR 12 STÜCK / ZUBEREITUNG: 10 MINUTEN / KOCHZEIT: 20 MINUTEN

Empanadillas sind genau genommen Mini-Versionen von Empanadas, es ist das gleiche Rezept. Es handelt sich um kleine Blätterteigtaschen mit einer süßen oder herzhaften Füllung, die frittiert oder im Backofen gebacken werden (aber das ist weniger üblich). Auf Kuba und Puerto Rico werden sie meist mit Picadillo oder Ropa vieja gefüllt und sind bei Familienfesten sehr beliebt. Aber nicht nur zu besonderen Anlässen sind sie in aller Munde, sie sind auch die großen Stars für kleine Zwischenmahlzeiten.

- 2 Lagen Blätterteig (fertig gekauft oder S. 54)
- Picadillo (S. 65) oder Ropa vieja (S. 62)
- 2 EL pflanzliche Milch
- 1 EL Agavensirup
- Pflanzenöl zum Frittieren

1. Den Blätterteig ausrollen und mit einem Förmchen kleine Kreise ausstechen.

2. Jeweils 1 Löffel Picadillo (oder Ropa vieja) auf eine Kreishälfte geben und das Teigstück zusammenklappen.

3. Die Ränder mit einer Gabel zusammendrücken. Milch mit Agavensirup mischen und die Teigtaschen damit bestreichen. Für 30 Minuten in das Gefrierfach oder für 1 Stunde in den Kühlschrank stellen.

4. Das Öl im Wok oder in einer Pfanne mit hohem Rand erhitzen. Eine ausreichende Menge Öl verwenden, sodass die Empanadillas bedeckt sind.

5. Sobald das Öl heiß ist, die Empanadillas hineingeben und von jeder Seite 3 Minuten frittieren – bei einer kleineren Pfanne in mehreren Durchgängen. Die Empanadillas mit einer Schaumkelle herausnehmen und auf Küchenpapier legen, damit überschüssiges Öl abtropfen kann.

TAMAL EN CAZUELA

FÜR 2 PERSONEN / ZUBEREITUNG: 10 MINUTEN / KOCHZEIT: 20 MINUTEN

Mais gehört zu den Hauptzutaten, die auf den karibischen Inseln verwendet werden. Dieses Gericht ist auf Kuba sehr beliebt und man isst es das ganze Jahr über. Niemand bereitet dieses geschmorte Maispüree so zu wie meine Mutter. Meine Version ist von ihr inspiriert und kommt der ihrigen sehr nahe.

- 4 vorgegarte Maiskolben (oder 400 g Mais aus der Dose)
- 2 EL Olivenöl
- 100 g geräucherter Tofu, in kleine Würfel geschnitten
- 1 kleine Zwiebel, gehackt
- 1 Knoblauchzehe, gepresst
- ½ TL Kreuzkümmel
- ½ TL Thymian
- 100 g stückige Tomaten aus der Dose
- 1 EL Flüssigrauch (oder Sojasauce)
- Salz, Pfeffer (nach Belieben)
- glatte Petersilie

1. Die Maiskörner (bei Verwendung von Mais aus der Dose das Wasser abgießen) mit 50 ml Wasser im Mixer zu einem homogenen Püree verarbeiten.

2. 1 EL Olivenöl in einer Pfanne erhitzen. Tofuwürfel, Zwiebel und Knoblauch darin kurz anbraten. Wenn der Tofu leicht braun wird, Gewürze, Tomatenstücke und Flüssigrauch hinzufügen und gut verrühren. Alles bei niedriger Hitze köcheln lassen.

3. Inzwischen das Maispüree und 1 EL Olivenöl in einem Topf bei mittlerer Hitze erwärmen. Ständig umrühren, bis das Püree beginnt, einzudicken.

4. Von den Tofuwürfeln 2 EL unter das Maispüree mischen und mit Salz und Pfeffer abschmecken.

5. Mit den restlichen Tofuwürfeln und gehackter Petersilie garnieren und servieren.

ROPA VIEJA MIT PILZEN

FÜR 4 PERSONEN / ZUBEREITUNG: 5 MINUTEN / KOCHZEIT: 20 MINUTEN

Ropa vieja ist eines der Nationalgerichte Kubas. Es repräsentiert perfekt die kubanische Kultur und ihre Küche: farbenfroh, raffiniert und einfach köstlich. Und nichts davon wird jemals verschwendet. Wenn Sie etwas Ropa vieja übrig haben, füllen Sie damit Ihre Empanadillas (S. 58), Ihre Papas rellenas (S. 66) oder belegen Sie Ihr Sándwich cubano (S. 77) damit.

- 500 g Pilze (Kräuterseitlinge)
- 120 ml Gemüsebrühe
- 2 EL Flüssigrauch oder Sojasauce
- Saft von 1 Limette
- 1 rote Paprikaschote
- 1 kleine Zwiebel
- 2 Knoblauchzehen
- 1 EL Olivenöl
- 1 EL Sofrito (S. 52, optional)
- 150 g stückige Tomaten aus der Dose
- 1 TL Kreuzkümmel
- ½ TL getrockneter Oregano
- 50 ml trockener Weißwein
- Salz und schwarzer Pfeffer nach Belieben
- 50 g grüne Oliven, entkernt
- gehackte Petersilie zum Garnieren

1. Die Pilze in größere Stücke schneiden und in eine Schüssel geben. Gemüsebrühe, Flüssigrauch (oder Sojasauce) und Limettensaft dazugeben, vermischen und 15 Minuten zum Marinieren beiseitestellen.

2. Paprika und Zwiebel in dünne Streifen schneiden, Knoblauch hacken. Olivenöl in einer Pfanne erhitzen und Paprika, Zwiebel und Knoblauch hinzufügen. Etwa 5 Minuten unter ständigem Rühren sautieren. Anschließend die Pilze ohne Marinade dazugeben. Die Marinade aufbewahren.

3. Sobald die Pilze anfangen, weich zu werden, Sofrito (optional), Tomaten, Kreuzkümmel und Oregano hinzufügen und alles gut durchmischen. Falls nötig, ein wenig der Pilzmarinade zum Verdünnen eingießen. Die Hitze reduzieren und alles 10 Minuten köcheln lassen, dann mit Weißwein ablöschen. Mit Salz und Pfeffer abschmecken.

4. Vom Herd nehmen, mit Oliven und Petersilie garnieren. Zum Beispiel mit Reis und Amarillos (S. 57) als Beilage servieren.

TIPP

> Ropa vieja heißt wörtlich übersetzt »alte Kleidung«. Der Name kommt daher, dass das Fleisch in der traditionellen Zubereitungsart lange mariniert und geschmort wird. In meinem Rezept verwende ich Kräuterseitlinge, die sich durch ihre bissfeste Textur auszeichnen. Sie sind in den meisten Supermärkten erhältlich. Man kann das Gericht auch noch authentischer mit Jackfrucht zubereiten. Nicht zuletzt schmeckt es auch mit Soja-Schnetzel sehr gut.

STAUB
STAUB

PICADILLO

FÜR 4 PERSONEN / ZUBEREITUNG: 10 MINUTEN / KOCHZEIT: 15 MINUTEN

Picadillo ist ein Klassiker der lateinamerikanischen Küche. Es besteht traditionell aus Zwiebeln, grüner Paprika (Sofrito), Rinderhackfleisch, Tomatensauce, Rosinen, Oliven und vielen Gewürzen. Ich bin mit dieser veganen Variante aufgewachsen, die meine Mutter mit klein geschnittenen Champignons oder Kichererbsen zubereitete. Picadillo ist echtes Comfort Food – und alles, was davon eventuell übrig bleibt, kann als Füllung für Pastelitos (S. 54) oder Empanadillas (S. 58) verwendet werden.

1 EL Olivenöl
2 Knoblauchzehen, gepresst
1 kleine Zwiebel, gehackt
200 g veganer Hackfleischersatz
1 EL Flüssigrauch (oder Sojasauce)
2 EL Tomatenmark
1 EL Sofrito (S. 52)
1 TL Kreuzkümmel
1 TL Paprikapulver
Salz nach Belieben
10 grüne Oliven, halbiert
25 g Rosinen

1. Das Olivenöl in einer großen Pfanne erhitzen, dann Knoblauch, Zwiebel und veganes Hackfleisch dazugeben. Einige Minuten sautieren, Flüssigrauch, Tomatenmark, Sofrito, Kreuzkümmel und Paprikapulver hinzufügen. Alles gut umrühren und nach Belieben mit Salz abschmecken.

2. Oliven und Rosinen dazugeben und mit Reis servieren.

TIPP

> Sie können als Hackfleischersatz zum Beispiel Seitan- oder Soja-Schnetzel verwenden.

PAPAS RELLENAS

FÜR 15 STÜCK / ZUBEREITUNG: 30 MINUTEN / KOCHZEIT: 45 MINUTEN

Diese Kartoffelkroketten werden traditionell mit Fleisch gefüllt, aber man kann die Füllung beliebig variieren. Ein Fingerfood, das unglaublich beliebt ist und immer gut ankommt. Sie sollten immer eine größere Menge davon zubereiten.

KARTOFFELTEIG

- 1 kg Kartoffeln
- 60 g pflanzliche Butter
- 120 ml Mandelmilch
- ½ TL geriebene Muskatnuss
- 1 Prise Knoblauchpulver
- Salz, Pfeffer nach Belieben

FÜLLUNG

- 100 g grobe Soja-Schnetzel
- 1 TL Flüssigrauch
- 1 Zwiebel, gehackt
- 2 Knoblauchzehen, gehackt
- Saft von ½ Limette
- Salz und Pfeffer

ZUM PANIEREN

- 50 g Semmelbrösel
- 200 ml Sojamilch
- 30 g Maisstärke

Pflanzenöl zum Frittieren

KARTOFFELTEIG

1. Die Kartoffeln schälen, waschen und in große Stücke schneiden. In einem großen Topf mit Wasser etwa 20 Minuten kochen, bis sie weich sind.

2. Kartoffeln abgießen und in eine große Schüssel geben. Kurz ausdampfen lassen und noch heiß mit einem Kartoffelstampfer oder einer Gabel zerdrücken.

3. Butter und Milch in einem kleinen Topf bei schwacher Hitze erwärmen und über die Kartoffeln gießen. Weiter zerdrücken, bis eine cremige Textur entsteht. Muskatnuss, Knoblauch, Salz und Pfeffer dazugeben. Gut durchmischen und abkühlen lassen.

FÜLLUNG

1. Die Soja-Schnetzel mit kochendem Wasser übergießen und 10 Minuten zugedeckt quellen lassen. In ein Sieb gießen und mit den Händen überschüssiges Wasser ausdrücken.

2. In der Küchenmaschine oder im Mixer zusammen mit den übrigen Zutaten mixen, bis eine körnige Textur entsteht. Öl in einer Pfanne erhitzen und die Masse darin knusprig anbraten.

FERTIGSTELLUNG

1. Wenn der Kartoffelteig erkaltet ist, kleine Kugeln aus je 1 EL Teigmasse formen. Die Handflächen mit Öl befeuchten und der Reihe nach die Teigkugeln flach drücken, mit 1 TL Füllung belegen und wieder zu einer Kugel zusammenrollen.

2. Semmelbrösel, Sojamilch und Maisstärke getrennt in jeweils eine Schale geben. Jede Kugel zuerst in der Stärke wenden, danach in die Sojamilch tauchen und zuletzt gründlich in den Semmelbröseln wenden.

3. Öl in einen großen Topf geben und auf etwa 175 °C erhitzen. Die Bällchen 3–5 Minuten unter gelegentlichem Wenden frittieren. Mit einer Zange oder einer Schaumkelle herausnehmen, auf Küchenpapier legen und abtropfen lassen. Noch warm servieren.

TIPPS

- Für dieses Rezept empfehle ich Ihnen mehligkochende Kartoffelsorten.
- Auch Picadillo (S. 65) oder Ropa vieja (S. 62) eignen sich gut als Füllung

POTAJE DE LENTEJAS

FÜR 4 PERSONEN / ZUBEREITUNG: 10 MINUTEN / KOCHZEIT: 45 MINUTEN

Dieses reichhaltige Linsengericht ist ein köstlicher Klassiker, der nicht viel hermacht, aber Körper und Geist erwärmt. Je nach Saison können Sie Gemüse Ihrer Wahl hinzufügen und so für Abwechslung sorgen. Servieren Sie es pur oder mit einer Portion Reis.

60 ml Olivenöl
1 Zwiebel, geschält, fein gewürfelt
2 Knoblauchzehen
1 grüne Paprikaschote, in kleine Stücke geschnitten
1 Prise Kreuzkümmel
1 Prise Salz
1 Prise gemahlener schwarzer Pfeffer
3 EL Tomatenmark
750 ml Gemüsebrühe
250 g grüne Linsen
1 Lorbeerblatt
1 Kartoffel, geschält und gewürfelt
1 Karotte, geschabt und gewürfelt

1. Das Olivenöl in einem großen Topf erhitzen und Zwiebel, Knoblauch und Paprika etwa 3 Minuten anschwitzen. Kreuzkümmel, Salz, Pfeffer und Tomatenmark dazugeben und gut umrühren.

2. Die Gemüsebrühe zugießen, Linsen und Lorbeerblatt hinzufügen. Die Hitze reduzieren und alles 25 Minuten köcheln lassen.

3. Kartoffel- und Karottenwürfel hinzufügen und kochen, bis das Gemüse weich ist.

4. Das Lorbeerblatt herausnehmen und den Eintopf heiß servieren.

TIPPS

> Um die Kochzeit der Linsen zu verkürzen, sollten Sie sie am Vortag einweichen.

> Dieser Eintopf kann bis zu fünf Tage im Kühlschrank aufbewahrt werden und schmeckt am nächsten Tag noch besser. Er kann auch problemlos eingefroren werden.

ARROZ CON SALCHICHAS

FÜR 4 PERSONEN / ZUBEREITUNG: 10 MINUTEN / KOCHZEIT: 30 MINUTEN

Es gibt für Arroz con salchichas (Reis mit Würstchen) kein konkretes Rezept, das man befolgen muss. Man gibt einfach hinein, was man möchte bzw. was man im Küchenschrank findet. Dieses geschmacksintensive Gericht ist eine perfekte Wahl für ein schnelles und einfaches Familienessen.

1 Zwiebel, gehackt
2 EL Olivenöl
2 Knoblauchzehen
1 TL Kreuzkümmel
1 scharfe Chilischote, gehackt
250 g passierte Tomaten
1 EL Sofrito (S. 52)
2 Lorbeerblätter
200 g Reis
300 ml Gemüsebrühe
½ TL Kurkuma
4 vegane Würstchen
Salz, Pfeffer nach Belieben

1. In einem großen Topf die gehackte Zwiebel in 1 EL Olivenöl anschwitzen.

2. Knoblauch in den Topf pressen, Kreuzkümmel, Chili, Tomaten, Sofrito und Lorbeerblätter hinzufügen. Gut umrühren, dann Reis, Gemüsebrühe und Kurkuma dazugeben.

3. Zum Kochen bringen, die Hitze reduzieren und zugedeckt 15 Minuten köcheln lassen.

4. Vom Herd nehmen, umrühren und für 5 Minuten zugedeckt ziehen lassen.

5. In der Zwischenzeit die Würstchen in Scheiben schneiden und in einer Pfanne bei starker Hitze in etwas Öl anbraten.

6. Die Würstchen unter den Reis mischen, mit Salz und Pfeffer würzen und servieren.

TIPP

> Fügen Sie Gemüse Ihrer Wahl hinzu, zum Beispiel Mais oder Zucchini.

ARROZ IMPERIAL

FÜR 4 PERSONEN / ZUBEREITUNG: 20 MINUTEN / KOCHZEIT: 45 MINUTEN

Auf Kuba ist Reis ein wichtiges Grundnahrungsmittel, er ist die Hauptzutat für die meisten Alltagsgerichte. Hier wird Reis mit der köstlichen Ropa vieja (S. 62) und geschmolzenem Käse kombiniert. Arroz imperial (Reis der Könige) wird oft an Festtagen serviert oder wenn Freunde zu Gast sind.

Ropa vieja (S. 62)

VEGANE MAYONNAISE

100 g Cashewkerne
½ TL Hefeflocken
1 EL Aquafaba
3 TL Apfelessig
1 TL Vanillezucker
1 TL Salz
1 TL Dijonsenf

GELBER REIS

1 Zwiebel, gehackt
1 grüne Paprikaschote, fein gewürfelt
2 EL Olivenöl
2 Knoblauchzehen
1 TL Kreuzkümmel
1 scharfe Chilischote, gehackt (optional)
250 g passierte Tomaten
2 Lorbeerblätter
200 g Reis
300 ml Gemüsebrühe
½ TL Kurkuma

VEGANE KÄSESAUCE

1 Karotte
100 g Cashewkerne
150 g Kokosmilch
25 g Hefeflocken
1 EL Kurkuma
1 EL Maisstärke
Salz, Pfeffer nach Belieben

MAYONNAISE

1. Die Cashewkerne mit reichlich heißem Wasser übergießen, abdecken und 30 Minuten einweichen. Anschließend abgießen, abtropfen lassen und abtrocknen.

2. In den Mixer geben, die restlichen Zutaten und 60 ml Wasser nach und nach hinzufügen und vermixen, bis eine glatte, cremige Textur entsteht. In ein Glas füllen und 2 Stunden in den Kühlschrank stellen.

GELBER REIS

1. In einer großen Pfanne mit hohem Rand Zwiebel und Paprika in Olivenöl anbraten. Knoblauch pressen und hinzugeben, ebenso Kreuzkümmel, Chili (optional), Tomaten und Lorbeerblätter. Gut umrühren.

2. Reis, Gemüsebrühe und Kurkuma dazugeben. Zum Kochen bringen, die Hitze reduzieren und zugedeckt 15 Minuten köcheln lassen. Vom Herd nehmen, umrühren und erneut für 5 Minuten zugedeckt ziehen lassen.

KÄSESAUCE

Alle Zutaten für die Käsesauce vermixen, bis eine glatte, cremige Textur entsteht. Abschmecken.

FERTIGSTELLEN

1. Den Backofen auf 180 °C vorheizen. Eine mittelgroße Gratinform mit Öl auspinseln.

2. Eine Schicht gelben Reis, eine Schicht Ropa vieja und eine Schicht Mayonnaise einfüllen. Wiederholen, bis die Form drei viertel gefüllt ist. Beiseitestellen.

3. Die Käsesauce in einem Topf unter ständigem Rühren langsam erhitzen. Wenn die Mischung anfängt, leicht einzudicken, vom Herd nehmen und auf der obersten Reisschicht in der Gratinform verteilen.

4. Für 10 Minuten in den Backofen schieben. Herausnehmen und vor dem Servieren kurz abkühlen lassen.

MOROS Y CRISTIANOS

FÜR 4 PERSONEN / ZUBEREITUNG: 5 MINUTEN / KOCHZEIT: 30 MINUTEN

Diese kubanische Version von Reis mit Bohnen wird auch Congri genannt und ist eines der landestypischen Gerichte. Sie ist Basis vieler Mahlzeiten und wird oft mit Picadillo (S. 65) kombiniert. Auch als Vorspeise sehr beliebt. Der Name »Moros y Cristianos« erinnert an die Kämpfe zwischen Mauren und Christen zur Zeit der Reconquista auf der Iberischen Halbinsel. Das Gericht spiegelt auch den kubanischen Kulturmix wider.

1 EL Olivenöl
1 kleine Zwiebel, gehackt
2 Knoblauchzehen
½ TL Kreuzkümmel
2 Lorbeerblätter
2 EL Sofrito (optional, S. 52)
1 Prise Salz
200 g schwarze Bohnen aus der Dose
200 g Reis
500 ml Gemüsebrühe

1. Das Öl in einer großen Pfanne mit hohem Rand erhitzen, die Zwiebel hinzufügen und 2 Minuten anschwitzen.

2. Gepressten Knoblauch, Kreuzkümmel und Lorbeerblätter hinzugeben. Sofrito (optional), Salz, schwarze Bohnen, Reis und Gemüsebrühe hinzufügen und gut umrühren.

3. Zum Kochen bringen, die Hitze reduzieren und zugedeckt 20 Minuten köcheln lassen.

4. Vom Herd nehmen, umrühren und 5 Minuten zugedeckt stehen lassen.

5. Als Beilage zu einem Hauptgericht Ihrer Wahl servieren.

SÁNDWICH CUBANO

FÜR 2 STÜCK / ZUBEREITUNG: 5 MINUTEN / KOCHZEIT: 5 MINUTEN

Wenn Sie schon einmal auf Kuba waren, kennen Sie sicher dieses Sandwich. Es wird überall in den Straßen von Havanna in Cafés oder als Streetfood angeboten. Das Brot wird im Sandwichmaker gepresst, um es flach zu drücken und herrlich knusprig zu braten.

- 2 Baguettebrötchen oder 1 Baguette, halbiert
- 2 EL Senf
- 4 EL Ropa vieja (S. 62)
- 2 Scheiben pflanzlicher Käse
- 2 große Essiggurken, in dünne Scheiben geschnitten
- 50 g pflanzliche Butter, zerlassen

1. Den Sandwichmaker aufheizen. Die Brötchen längs aufschneiden.

2. Beide Hälften mit Senf bestreichen. Mit Ropa vieja, einer Scheibe Käse und den Gurkenscheiben belegen.

3. Die Sandwiches zusammensetzen und auf beiden Außenseiten mit zerlassener Butter bestreichen. Im Sandwichmaker 5 Minuten kross backen.

TIPPS

> Wenn Sie keinen Sandwichmaker haben, können Sie die Sandwichs auch 10 Minuten bei 200 °C im Ofen backen. Zum Zusammenpressen können Sie zwei gusseiserne Pfannen verwenden.

> Ropa vieja kann auch durch in Scheiben geschnittenen Räuchertofu ersetzt werden.

BESITOS DE COCO

FÜR 10 STÜCK / ZUBEREITUNG: 10 MINUTEN / BACKZEIT: 1 STUNDE 15 MINUTEN

Außen ist es knusprig, das Innere zergeht zart auf der Zunge. Kokosküsse, das legendäre Kokosgebäck, sind überall beliebt, von der Karibik bis nach Venezuela. Das Rezept wird von Generation zu Generation weitergegeben. Auf Puerto Rico werden die Besitos zu Kugeln geformt, während sie anderswo eher flach sind.

SÜSSE KOKOSCREME

400 ml Kokosmilch (aus der Dose)

75 g Kokosblütenzucker

KOKOSKÜSSE

150 g Kokosraspel

60 g Reismehl

1 EL Kokosblütenzucker

1 Prise Salz

150 g süße Kokoscreme

TIPP

> Sie können süße Kokoscreme auch fertig kaufen, sie ist erhältlich unter dem Namen Cream of Coconut – nicht zu verwechseln mit Kokoscreme, die keinen Zucker enthält.

> Die selbst gemachte süße Kokoscreme hält im Kühlschrank etwa 1 Woche. Auch für Batido de Trigo (S. 98) oder Coquito (S. 93) können Sie sie verwenden.

SÜSSE KOKOSCREME

1. Die Dose mit der Kokosmilch vor dem Öffnen schütteln. Die Kokosmilch in einen mittelgroßen Topf gießen. Den Kokosblütenzucker hinzugeben und bei mittlerer Hitze zum Kochen bringen. Die Hitze reduzieren und die Kokosmilch ohne Deckel etwa 45 Minuten einköcheln. Immer wieder umrühren, damit sie nicht überkocht. Am Ende der Kochzeit sollte die Flüssigkeit etwa um ein Drittel reduziert sein.

2. Die eingedickte Kokosmilch in ein Glas füllen, abkühlen lassen und bis zur Verwendung im Kühlschrank aufbewahren.

KOKOSKÜSSE

1. Den Backofen auf 175 °C vorheizen. Ein Backblech mit Backpapier auslegen.

2. In einer Schüssel Kokosraspel, Reismehl, Kokosblütenzucker und Salz vermischen. Die konzentrierte Kokosmilch hinzufügen und gut umrühren, bis ein leicht formbarer Teig entsteht.

3. Mit einem Esslöffel kleine Kugeln formen und auf das mit Backpapier ausgelegte Backblech legen. Etwa 10 Minuten backen, bis die Besitos goldbraun sind. Beim Herausnehmen sind sie noch weich, nach dem Abkühlen werden sie fester.

MANTECADITOS

FÜR 8 PLÄTZCHEN / ZUBEREITUNG: 5 MINUTEN / KOCHZEIT: 10 MINUTEN

Wie ihre Verwandten, die Polvoronen (S. 89), sind Mantecaditos ein Klassiker unter dem puerto-ricanischen Süßgebäck. Diese Plätzchen haben einen zart-buttrigen Geschmack, daher auch der Name, denn manteca *heißt wörtlich übersetzt Butter. Traditionell werden sie mit Guavenkonfitüre gefüllt, aber Sie können jede beliebige Konfitüre verwenden, ganz nach Ihrem Geschmack.*

120 g Mandelmehl
1 Prise Salz
2 EL Ahornsirup
1 TL Bittermandelextrakt
30 g pflanzliche Butter (Zimmertemperatur)
8 TL Guavenkonfitüre

1. Den Backofen auf 175 °C vorheizen.

2. In einer Schüssel Mandelmehl und Salz vermischen.

3. Ahornsirup, Bittermandelextrakt und Butter dazugeben und gut verrühren, bis sich die Masse von der Schüssel löst.

4. Den Teig zwischen den Händen rollen und zu kleinen Kugeln formen. Die Kugeln auf ein mit Backpapier ausgelegtes Backblech legen und eine Vertiefung in die Mitte drücken.

5. Für 10 Minuten backen. Vollständig abkühlen lassen (sie werden beim Abkühlen fester).

6. In jede Vertiefung 1 Löffel Konfitüre geben. Sofort genießen.

TIPP

> Sie können die pflanzliche Butter auch durch 2 EL Kokosöl ersetzen.

QUESITOS

FÜR 12 STÜCK / EINWEICHEN: 30 MINUTEN / ZUBEREITUNG: 20 MINUTEN / BACKZEIT: 15 MINUTEN

Quesitos heißt wörtlich übersetzt »kleine Käschen«. Sie sind auf Puerto Rico sehr beliebt und werden schon zum Frühstück gegessen. Man findet sie in allen Bäckereien und in den sogenannten »bomboneras«, den Süßwarengeschäften. Sie bestehen aus Blätterteig, einer köstlichen Füllung aus Cream Cheese und werden mit Sirup glasiert. Wie Sie sie formen, bleibt Ihnen überlassen: Röllchen, Dreiecke oder Rechtecke, alles ist erlaubt!

KÄSECREME

150 g Cashewkerne
50 g veganer Joghurt
1 EL Zitronensaft
1 TL Vanilleextrakt
1 Prise Salz

QUESITOS

2 EL pflanzliche Milch
1 EL Ahornsirup
1 Packung Blätterteig
Rohrzucker

SIRUP

30 g Rohrzucker

TIPP

> Ich habe hier einen fertigen Blätterteig verwendet, aber natürlich geht nichts über den selbst gemachten. Mein Rezept für Blätterteig finden Sie auf S. 54.

KÄSECREME

1. Heißes Wasser über die Cashewkerne gießen und zugedeckt 30 Minuten einweichen lassen.

2. Abgießen, abtropfen lassen und die Cashewkerne auf einem Küchenpapier trocknen lassen. In den Mixer geben und die übrigen Zutaten der Reihe nach hinzufügen. Mixen, bis eine cremige Textur entsteht.

QUESITOS

1. Den Backofen auf 200 °C vorheizen. Pflanzenmilch und Ahornsirup in einer Tasse verrühren.

2. Den Blätterteig ausrollen und in zwölf gleich große Rechtecke schneiden. Am Rand entlang der längeren Seite die Käsecreme aufstreichen und mit Zucker bestreuen.

3. Die beiden kürzeren Seiten etwa 1 cm nach innen umklappen und mit der Ahornsirup-Mischung bepinseln. Ausgehend vom Käsecremerand einrollen und leicht zusammendrücken. Die Oberseite mit der Ahornsirup-Mischung bestreichen. Auf ein mit Backpapier ausgelegtes Backblech legen und für 15 Minuten backen.

4. In der Zwischenzeit den Sirup für die Glasur zubereiten. 50 ml Wasser und Zucker in einem kleinen Topf anrühren und erhitzen. Aufkochen und vom Herd nehmen, sobald sich ein Sirup bildet. Die Pastelitos aus dem Ofen nehmen, abkühlen lassen, aber nicht kalt werden lassen und mit dem Sirup bestreichen.

PASTELITOS DE GUAYABA

FÜR 6 STÜCK / ZUBEREITUNG: 10 MINUTEN / KOCHZEIT: 20 MINUTEN

Diese kleinen Blätterteigtaschen, mit Käsecreme und Guave gefüllt, sind ein kubanisches Gebäck, das bei Groß und Klein sehr beliebt ist. Auf Kuba gibt es sie in allen Bäckereien und an vielen Straßenständen. Sie sind den karibischen Marmeladetaschen (S. 150) sehr ähnlich und schmecken köstlich zum Kaffee.

KÄSECREME

200 g Cashewkerne
60 g veganer Joghurt
2 EL Zitronensaft
1 TL Vanilleextrakt
1 Prise Salz

PASTELITOS

2 EL Puderzucker
1 Packung Blätterteig
6 Stückchen Guavenpaste
2 EL pflanzliche Milch
1 EL Ahornsirup
Rohrzucker

TIPP

> Sie können auch fertigen veganen Frischkäse verwenden.
> Die Guavenpaste kann durch Guavenkonfitüre ersetzt werden (1 Würfel Paste = 1 EL Konfitüre) oder auch durch eine andere Konfitüre Ihrer Wahl.

KÄSECREME

1. Heißes Wasser über die Cashewkerne gießen und zugedeckt 30 Minuten einweichen lassen.

2. Abgießen, abtropfen lassen und die Cashewkerne auf einem Küchenpapier trocknen lassen. Mit den übrigen Zutaten nach und nach vermixen, bis eine cremige Textur entsteht.

PASTELITOS

1. Käsecreme und Puderzucker mit dem Handrührer cremig aufschlagen.

2. Den Blätterteig auslegen und in zwölf gleich große Quadrate schneiden. Auf sechs Quadrate je 1 Löffel Cremefüllung geben, dann 1 Stückchen Guavenpaste.

3. Pflanzenmilch und Ahornsirup verrühren. Die Ränder mit der Ahornsirup-Mischung bestreichen und die sechs übrigen Quadrate darauflegen. Mit einer Gabel die Ränder leicht festdrücken. 30 Minuten im Kühlschrank ruhen lassen. Den Backofen auf 180 °C vorheizen.

4. Die Pastelitos aus dem Kühlschrank nehmen, an der Oberseite einstechen, damit der Dampf beim Backen entweichen kann. Mit Rohrzucker bestreuen und in den Backofen schieben. Etwa 20 Minuten backen, bis die Pastelitos goldbraun sind.

FLAN DE LA ABUELA

FÜR 4 PERSONEN / ZUBEREITUNG: 5 MINUTEN / KOCHZEIT: 10 MINUTEN / RUHEZEIT: 6 STUNDEN

Was wäre ein kubanisches Familienessen ohne einen Karamellflan? Wir mögen ihn am liebsten cremig und leicht und er kommt oft am Sonntagnachmittag auf den Tisch. Bei diesem köstlichen Dessert fühlt man sich gleich wie auf Kuba.

KARAMELL
80 g Kokosblütenzucker

FLAN
3 EL Maisstärke
2 TL Agar-Agar
60 g Kokosblütenzucker
300 ml Kokosmilch
400 ml Sojamilch
1 TL Vanilleextrakt

TIPPS

> Dieser Flan kann mit Frischhaltefolie abgedeckt bis zu 5 Tage im Kühlschrank aufbewahrt werden.
> Sie können statt einer großen Form auch vier kleine Förmchen verwenden.

KARAMELL

1. Den Zucker und 50 ml Wasser in einem kleinen Topf verrühren und bei mittlerer Hitze aufkochen.

2. Sobald sich Karamell zu bilden beginnt, in eine Form gießen und abkühlen lassen.

FLAN

1. Maisstärke, Agar-Agar und Kokosblütenzucker in einem Topf verquirlen. Kokosmilch, Sojamilch und Vanilleextrakt dazugeben und gut verrühren. Unter ständigem Rühren zum Kochen bringen, bis alles eindickt. Wenn sich Blasen bilden, vom Herd nehmen.

2. In die Form mit dem Karamell gießen und vollständig abkühlen lassen. Dann für mindestens 5 Stunden oder besser über Nacht in den Kühlschrank stellen.

3. Aus dem Kühlschrank nehmen und die Form kurz in ein heißes Wasserbad stellen. Auf eine Platte stürzen und servieren.

POLVORONES

FÜR 8 STÜCK / ZUBEREITUNG: 10 MINUTEN / BACKZEIT: 20 MINUTEN

Auf Puerto Rico kennt man viele Kekse und Süßgebäck, eines köstlicher als das andere. Diese feinen, kleinen, buttrigen Kekse schmelzen im Mund und werden meist zu einem Coquito (S. 93) oder einer heißen Schokolade gereicht.

100 g pflanzliche Butter
50 g Rohrzucker
1 TL Bittermandelextrakt
120 g Weizenmehl
50 g Mandelmehl
2 EL Puderzucker

1. In einer großen Schüssel Butter und Zucker schaumig schlagen. Mandelextrakt einträufeln und gut unterrühren.

2. Weizenmehl und Mandelmehl hinzufügen, gut vermischen und mit den Händen kneten, bis ein nicht zu klebriger Teig entsteht, der sich leicht formen lässt.

3. Zu gleich großen Kugeln formen und 15 Minuten kühl stellen. In der Zwischenzeit den Backofen auf 160 °C vorheizen.

4. Die Kugeln auf ein mit Backpapier ausgelegtes Backblech legen. Etwa 20 Minuten backen, herausnehmen und vollständig abkühlen lassen.

5. In Puderzucker wälzen und gleich genießen. Polvorones lassen sich auch gut in einer luftdichten Dose aufbewahren.

TIPPS

> Für eine glutenfreie Version verwenden Sie eine glutenfreie Mehlmischung.

> Ich empfehle, pflanzliche Butter und keine Margarine zu verwenden, da sie fester ist.

ARROZ CON LECHE

FÜR 6 PORTIONEN / ZUBEREITUNG: 5 MINUTEN / KOCHZEIT: 30 MINUTEN

Für Milchreis hat jede Familie ihr eigenes Rezept. Aber ich denke, wir sind uns alle einig: Es gibt nichts Tröstlicheres als Milchreis. In meinem Rezept macht die Kokosmilch den Arroz con leche super reichhaltig und herrlich cremig.

300 g Rundkornreis
3 Zimtstangen
600 ml Kokosmilch
2 EL Ahornsirup
1 TL Zimtpulver
½ TL geriebene Muskatnuss
1 Prise Salz

1. In einen großen Topf 450 ml Wasser, Reis und Zimtstangen geben. Erhitzen und 10 Minuten kochen lassen. Zimtstangen herausnehmen.

2. Kokosmilch, Ahornsirup, Zimtpulver, Muskatnuss und Salz dazugeben. Gut umrühren, die Hitze reduzieren und unter ständigem Rühren köcheln lassen, bis der Reis die gesamte Flüssigkeit aufgenommen hat und die Masse dick und cremig geworden ist.

3. Vom Herd nehmen, kurz abkühlen lassen und mit einer Zimtstange garniert servieren.

TIPP

> Milchreis kann im Kühlschrank bis zu 3 Tage oder tiefgefroren 2 Monate aufbewahrt werden.

COQUITO

FÜR 2 GLÄSER / ZUBEREITUNG: 5 MINUTEN / RUHEZEIT: 1 STUNDE

Der Coquito stammt ursprünglich aus Puerto Rico, aber es gibt ihn in der gesamten Karibik unter verschiedenen Namen, zum Beispiel heißt er auf Haiti Krémas. Der Coquito wird mit Kokosnusscreme und braunem Rum zubereitet. Die alkoholfreie Version Chaudeau wird gerne von den Kindern nach der Schule getrunken.

1 EL Leinsamen
200 ml Kokosmilch
200 ml Kokoscreme
80 ml Hafermilch
1 TL Zimt
2 Gewürznelken
¼ TL geriebene Muskatnuss
1 EL Vanilleextrakt
1 TL Limettensaft
1 Schuss brauner Rum
1–2 EL vegane Kondensmilch

1. Alle Zutaten vermixen, bis eine cremige Konsistenz entstanden ist.

2. Vor dem Servieren mindestens 1 Stunde kühl stellen.

CUBA LIBRE

FÜR 2 COCKTAILS / ZUBEREITUNG: 5 MINUTEN

Dies ist das Originalrezept für den berühmten Cuba Libre, ein Cocktail, entstanden aus der Begegnung zwischen amerikanischer Cola und kubanischem Rum. Um seine Entstehung ranken sich viele Legenden. Seine unvergleichliche Geschmackskombination beruht auf dem Zusammenspiel der Süße der Cola mit der säuerlichen Limette und natürlich dem Rum.

Eiswürfel
2 Limetten
60 ml weißer kubanischer Rum
120 ml Cola

1. Beide Gläser mit Eiswürfeln füllen.

2. Limetten auspressen und den Saft auf die beiden Gläser verteilen.

3. Rum und Cola zugießen.

4. Gut umrühren und sofort mit Limettenscheiben garniert servieren.

TIPPS

> Im Originalrezept wird weißer kubanischer Rum verwendet, aber Sie können auch braunen Rum nehmen, wenn Sie kein Purist sind.
> Wenn möglich, die leeren Gläser vorweg im Gefrierschrank für 10 Minuten kühlen.

OLD CUBAN

FÜR 2 COCKTAILS / ZUBEREITUNG: 5 MINUTEN / KOCHZEIT: 8 MINUTEN

Dieser raffinierte Cocktail vereint zwei für Kuba charakteristische Geschmacksrichtungen. Der Old Cuban in der klassischen Version wird auf Bourbon-Basis gemixt, dieser hier wird mit braunem Rum und Kaffeesirup zubereitet.

KAFFEESIRUP

150 ml frisch gebrühter kubanischer Kaffee

100 g Kokosblütenzucker

1 Sternanis

COCKTAIL

Eiswürfel

Zesten von 1 Bio-Orange

100 ml Kaffeesirup

60 ml brauner Rum

4 Spritzer Angosturabitter

2 Orangenscheiben

1. In einem kleinen Topf Kaffee, Zucker und Sternanis auf kleiner Flamme unter ständigem Rühren erhitzen. Kurz aufkochen, vom Herd nehmen, Sternanis entfernen und abkühlen lassen.

2. Eiswürfel in zwei Gläser füllen, Orangenzesten verteilen und jedes Glas mit je 50 ml Kaffeesirup, 30 ml Rum und zwei Spritzern Angosturabitter aufgießen.

3. Gut umrühren und mit Orangenscheiben garniert servieren.

TIPP

> Der Kaffeesirup reicht für etwa vier Cocktails. Er kann gut in einer Glasflasche bei Zimmertemperatur aufbewahrt werden.

BATIDO DE TRIGO

FÜR 2 MILCHSHAKES / ZUBEREITUNG: 5 MINUTEN

Dieser einfache Milchshake ist für mich eine wunderbare Kindheitserinnerung. Jeden Tag habe ich ihn getrunken, wenn ich aus der Schule kam. Auch heute ist er noch eines meiner Lieblingsgetränke. Er schmeckt köstlich und ist sehr nahrhaft, eignet sich also auch zum Frühstück und ist in nur 5 Minuten zubereitet.

200 ml Kokosmilch

300 ml Mandelmilch

80 g süße Kokoscreme (S. 78) oder flüssiges Süßungsmittel nach Belieben

2 EL Weizenkleie

30 g Puffreis

3 Eiswürfel

1. Alle Zutaten vermixen.
2. In Gläser füllen und nach Wunsch garnieren.

FRANZÖSISCHE ANTILLEN

Von den Köstlichkeiten der Französischen Antillen kennen Sie wahrscheinlich bereits Accras, Coco-Punch, Court-Bouillon oder Doucelettes. Die afrikanischen Sklaven, die von europäischen Händlern auf die Karibikinseln Guadeloupe, Martinique, Saint Martin und La Désirade gebracht wurden, legten den Grundstein für die karibische Kultur und Kulinarik. Die Sklaven mussten sich mit den Resten begnügen und mit dem auskommen, was sie auf den Inseln vorfanden. Aus dieser Notwendigkeit entstand die karibische Küche, wie wir sie kennen und lieben und die heute weltberühmt ist. Viele Spezialitäten der Inseln gehen zurück auf die Küche der Sklaven, die kein Fleisch zur Verfügung hatten und sich vor allem von Wurzeln, Früchten und Gemüse ernährten.

Nach Abschaffung der Sklaverei siedelten sich indische und chinesische Arbeiter an, die wiederum ihre Reis- und Gewürztraditionen mitbrachten. Curry wurde zu einem häufig verwendeten Gewürz und Colombo (S. 118) zum Nationalgericht.

Auch Frankreich hatte einen wichtigen Einfluss auf die kreolische Küche der Antillen, denn seinerzeit wurden die meisten Lebensmittel mit Schiffen aus Frankreich eingeführt. All diese reichen, würzigen und farbenfrohen Aromenwelten sind bis heute überall präsent und unverzichtbarer Bestandteil der karibischen Küche. Entdecken Sie die landestypischen Gerichte in einer veganen Interpretation neu und lernen Sie zudem einige weniger bekannte Gerichte kennen, wie sie schon meine Vorfahren gekocht haben.

COLOMBO-PULVER

FÜR EIN GLAS / ZUBEREITUNG: 2 MINUTEN / KOCHZEIT: 10 MINUTEN / HALTBARKEIT: MEHRERE MONATE IN EINEM LUFTDICHTEN GLAS

Colombo-Pulver ist eine Gewürzmischung aus Koriander, Kreuzkümmel, gelben Senfkörnern, Pfeffer, Kurkuma und Nelken. Die Gewürzmischung wird unter anderem für ein typisches Gericht der indischen Küche der Karibik verwendet, das den gleichen Namen trägt (S. 118).

50 g Langkornreis
1 TL Kreuzkümmelsamen
1 TL Koriandersamen
1 EL gelbe Senfkörner
1 EL schwarzer Pfeffer
2 Gewürznelken
1 EL Bockshornkleesamen
2 getrocknete Nelkenpfefferblätter
1 TL Kurkumapulver
1 TL Ingwerpulver
1 TL Zimtpulver

1. In einer beschichteten Pfanne den Reis bei geringer Hitze goldbraun rösten. Vom Herd nehmen, in eine Schüssel geben und abkühlen lassen.

2. Kreuzkümmel, Koriandersamen, Senfkörner, schwarzen Pfeffer, Nelken und Bockshornkleesamen ebenso in der Pfanne kurz anrösten. Gut durchmischen und abkühlen lassen.

3. Reis, Nelkenpfefferblätter und die gerösteten Gewürze im Mörser oder in der Küchenmaschine zu einem feinen Pulver zermahlen. Kurkuma-, Ingwer- und Zimtpulver dazugeben und gut vermischen. In ein luftdichtes Glas geben.

SAUCE CHIEN

FÜR EIN KLEINES GLAS / ZUBEREITUNG: 5 MINUTEN / RUHEZEIT: 1 STUNDE

Die Sauce Chien, wörtlich »Hundesauce«, ist weit über die Karibik hinaus bekannt. Sie wird aus Kräutern, Öl und Gewürzen hergestellt. Die Einheimischen machen sich einen Spaß daraus, Legenden um den Namen der Sauce zu erfinden. Er hat jedoch nichts mit »Hund« zu tun, denn er geht auf den Namen des Messerherstellers Chien zurück. Die Messer dieser Marke werden traditionell zum Schneiden und Hacken der Zutaten verwendet. Das sogenannte »Chien-Messer« ist seit über 100 Jahren ein typisches Küchenutensil auf den Antillen. Ich weiß nicht, ob es heute noch so ist, aber früher besaß jede Familie ein solches Messer und es war ein üblicher Brauch, sie bei Hochzeiten dem jungen Paar zu schenken.

4 Frühlingszwiebeln
2 Schalotten
1 scharfe Chilischote (Habanero)
3 Stängel glatte Petersilie
3 Knoblauchzehen
1 Limette
1 EL weißer Essig
150 ml Sonnenblumenöl
Salz, Pfeffer nach Belieben

1. Frühlingszwiebeln, Schalotten, Chili und Petersilie klein hacken. In ein luftdichtes Glas geben, ausgepressten Knoblauch und Limettensaft hinzugeben.

2. Essig, Öl, Salz und Pfeffer hinzufügen. Mit 30 ml kochendem Wasser aufgießen. Abkühlen lassen und 1 Stunde bei Raumtemperatur ziehen lassen, dann im Kühlschrank aufbewahren.

EINGELEGTE CHILIS À LA SIMONE

FÜR 2 GLÄSER / ZUBEREITUNG: 5 MINUTEN / HALTBARKEIT: MEHRERE MONATE IM KÜHLSCHRANK

Diese eingelegten Chilis sind ein »Must-Have«. Sie sollten in jeder Küche vorrätig sein, denn sie sind die ideale Würze für alle karibischen Mahlzeiten. Das Rezept wird von Generation zu Generation weitergegeben und jede Familie fügt ihre eigene individuelle Note hinzu, ähnlich wie bei Karotten à la Julienne. Dies ist das Rezept meiner Mutter, das sie von ihrer Mutter hat und diese wiederum von ihrer Großmutter. Die eingelegten Chilis werden in unserer Familie ausschließlich von meiner Mutter zubereitet, das ist ihre Spezialität.

12 scharfe Chilischoten (Habaneros)
1 Zwiebel
2 Knoblauchzehen
1 Handvoll Gewürznelken
½ TL Salz
½ TL Pfeffer
weißer Essig
1 EL Sonnenblumenöl

1. Chilis waschen, den Stiel entfernen und in Viertel schneiden.

2. Zwiebel und Knoblauch schälen. Zwiebel klein schneiden und den Knoblauch grob zerdrücken.

3. In einem Glas eine Lage Chili, eine Lage Zwiebeln schichten bis zum Rand.

4. Knoblauch, Nelken, Salz und Pfeffer dazugeben und mit Essig auffüllen, zum Schluss das Öl hinzugeben. Verschließen und kurz schütteln.

5. Mindestens 2 Wochen im Kühlschrank marinieren lassen.

TIPPS VON SIMONE

> Ziehen Sie Einweghandschuhe an, die Chilis sind sehr scharf. Legen Sie Alufolie auf das Schneidebrett, denn die roten Chilis färben ab.

> Öffnen Sie wenn möglich das Fenster und greifen Sie während der Zubereitung auf keinen Fall an Mund, Nase oder Augen.

BROTFRUCHT-KROKETTEN

FÜR 10 STÜCK / ZUBEREITUNG: 15 MINUTEN / KOCHZEIT: 45 MINUTEN

Diese zart schmelzenden, knusprigen Kroketten sind zusammen mit Gemüse-Accras (S. 115) ein toller Aperitif – nährstoffreich sind sie noch dazu.

BROTFRUCHTPÜREE

- 1 reife Brotfrucht
- 2 EL zerlassene Margarine
- 60 ml pflanzliche Milch
- ½ TL geriebene Muskatnuss
- Salz, Pfeffer nach Belieben

FÜLLUNG

- 2 Frühlingszwiebeln, klein geschnitten
- ½ Zwiebel, gehackt
- 1 Knoblauchzehe, gepresst
- 1 EL eingelegte Chilis (S. 109)

ZUM PANIEREN

- 50 g Semmelbrösel
- 200 ml Sojamilch
- 30 g Maisstärke
- Pflanzenöl zum Frittieren

BROTFRUCHTPÜREE

1. Die Brotfrucht schälen, waschen und in Stücke schneiden. In einem Topf mit Wasser etwa 45 Minuten kochen, bis sie weich sind.

2. Wasser abschütten, Brotfruchtstücke in eine Schüssel geben und kurz abkühlen lassen. Noch heiß mit einem Kartoffelstampfer oder einer Gabel zerdrücken. Margarine und Pflanzenmilch hinzugeben und gut vermischen, bis eine cremige Textur entsteht. Mit Muskatnuss, Salz und Pfeffer würzen. Abkühlen lassen.

FERTIGSTELLUNG

1. Nachdem das Püree abgekühlt ist, Frühlingszwiebeln, Zwiebel, Knoblauch und Chilis hinzugeben und gut vermischen. Das Püree zu Kugeln formen, dazu immer 1 EL in den Handflächen rollen. Anschließend etwa 1 Stunde in den Kühlschrank stellen.

2. Semmelbrösel, Sojamilch und Maisstärke getrennt in jeweils eine Schale geben. Jede Kugel als Erstes in der Maisstärke wenden, dann in die Sojamilch tauchen und zuletzt in den Semmelbröseln wenden.

3. Öl in einen großen Topf geben und erhitzen. Wenn das Öl heiß ist, die Bällchen 3–5 Minuten unter gelegentlichem Wenden frittieren. Mit einer Zange oder einer Schaumkelle herausnehmen, auf Küchenpapier legen und überschüssiges Öl abtropfen lassen. Die Kroketten noch heiß servieren.

KARIBISCHER GURKENSALAT

FÜR 4 PORTIONEN / ZUBEREITUNG: 5 MINUTEN / RUHEZEIT: 1 STUNDE

Dieser erfrischende, pikante Salat wird gut gekühlt serviert. Dazu reicht man ein knuspriges Baguette, um die köstliche Sauce aufzutunken und um die Schärfe der Chilis ein bisschen zu neutralisieren.

2 Salatgurken
2 Knoblauchzehen
2 Limetten
1 EL eingelegte Chilis (S. 109)
1 TL Salz
1 Prise gemahlener schwarzer Pfeffer

1. Gurken waschen, schälen und in eine Schüssel raspeln. Für 1 Stunde in den Kühlschrank stellen.

2. Die Schüssel herausnehmen. Knoblauch schälen, pressen, mit dem Limettensaft und den eingelegten Chilis zu den Gurken geben und gut vermischen. Mit Salz und Pfeffer abschmecken.

3. Sofort servieren.

GEMÜSE-ACCRAS

FÜR 12 STÜCK / ZUBEREITUNG: 10 MINUTEN / KOCHZEIT: 20 MINUTEN

Accras muss ich Ihnen wahrscheinlich nicht extra vorstellen, die Bällchen zählen zu den bekanntesten karibischen Snacks. Sie werden zum Aperitif oder als Vorspeise gereicht. Die Zubereitung ist ganz einfach und man kann sie unendlich variieren, sodass sie immer wieder aufs Neue begeistern! Auf den Antillen werden Gemüse-Accras traditionell am Karfreitag zubereitet; an diesem vorletzten Tag der Fastenzeit vor Ostern wird kein Fleisch gegessen.

240 g Mehl
½ TL Natron
1 TL Salz
2 Karotten, geraspelt
1 Zucchini, geraspelt
1 Zwiebel, fein gehackt
2 Knoblauchzehen, fein gehackt
2 Frühlingszwiebeln, fein gehackt
1 scharfe Chilischote (Habanero), fein gehackt
Pflanzenöl zum Frittieren

1. Mehl, Natron und Salz in einer großen Schüssel mischen.

2. Unter ständigem Rühren 300 ml Wasser hinzugießen, bis ein dicker Teig entsteht. Das klein geschnittene Gemüse dazugeben und gut umrühren.

3. In einer Pfanne mit hohem Rand Öl erhitzen und den Teig löffelweise hineingeben. Die Bällchen gelegentlich wenden, sodass sie von allen Seiten goldbraun werden. Auf Küchenpapier legen, um überschüssiges Öl abtropfen zu lassen. Noch warm servieren.

TIPP

> Man kann alle Sorten von Gemüse hinzufügen, ich empfehle auch geraspelten Kohl.

AVOCADOS AU NATUREL

FÜR 4 PORTIONEN / ZUBEREITUNG: 5 MINUTEN

Tropische Avocados sind sehr groß, sie erreichen ein Gewicht von bis zu 1 Kilogramm und sie sind milder im Geschmack als die herkömmlichen Avocados. Zudem enthalten sie weniger Fett. Es braucht nicht viel, um daraus eine erfrischende Vorspeise zu machen, eine einfache karibische Vinaigrette genügt.

2 tropische Avocados

KARIBISCHE VINAIGRETTE

½ TL Salz
1 EL weißer Essig
1 EL Zitronensaft
1 Schalotte, gehackt
1 Knoblauchzehe, gepresst
1 Zweig glatte Petersilie, gehackt
1 Frühlingszwiebel
4 EL Sonnenblumenöl
1 Prise Pfeffer

1. Salz, Essig und Zitronensaft verrühren. Schalotte, Knoblauch, Petersilie und Frühlingszwiebel dazugeben, dann Öl und Pfeffer, alles gut verrühren.

2. Die Avocados halbieren und die Kerne entfernen.

3. Das Dressing über die Avocadohälften gießen und sofort servieren.

TIPP

> Tropische Avocados finden Sie in afrikanischen Lebensmittelgeschäften, manchmal auch in Bioläden oder Supermärkten. Achten Sie auf ihre Herkunft und nehmen Sie nur die festen Avocados.

SOJA-COLOMBO

FÜR 5 PORTIONEN / ZUBEREITUNG: 15 MINUTEN / RUHEZEIT: 1 STUNDE UND 30 MINUTEN / KOCHZEIT 45 MINUTEN

Colombo ist eine Art karibisches Curry, es kam mit den indischen Einwanderern nach der Abschaffung der Sklaverei im 19. Jahrhundert auf die Französischen Antillen. Die Inder brachten ihre Kultur und ihre kulinarischen Traditionen mit – vor allem nach Guadeloupe, mehr noch als nach Martinique – darunter auch das Colombogewürz (S. 104). Das Gericht Colombo hat einen ganz besonderen Geschmack und eine spezielle Farbe, traditionell wird es auf Bananenblättern serviert.

MARINADE

150 g grobe Soja-Schnetzel
Saft von 2 Limetten
2 EL weißer Essig
1 Schalotte, gehackt
1 Knoblauchzehe, gepresst
1 Prise Pfeffer
½ TL Salz

COLOMBO

3 EL neutrales Pflanzenöl (Rapsöl, Sonnenblumenöl)
2 Knoblauchzehen
1 TL Koriandersamen
1 Zwiebel, geschält und klein geschnitten
2 Frühlingszwiebeln, gehackt
2 Kartoffeln, geschält, in große Stücke geschnitten
1 Zucchini, in große Stücke geschnitten
3 EL Colombopulver (S. 104), mit 3 EL Wasser verrührt
1 TL Salz
200 ml Kokosmilch
Saft von 1 Limette

1. Soja-Schnetzel in eine große Schüssel geben und mit heißem Wasser übergießen. Abdecken und für ein halbe Stunde quellen lassen. Zwischen den Händen oder mithilfe einer Salatschleuder ausdrücken und auspressen.

2. Limettensaft und Essig über das Soja geben, mit Salz, Pfeffer, Schalotte und Knoblauch würzen und alles gut verrühren. Etwa 1 Stunde marinieren lassen.

3. Öl in einer großen Pfanne mit hohem Rand erhitzen. Knoblauch auspressen, zusammen mit den Koriandersamen in die Pfanne geben. Soja-Schnetzel zugeben und bei starker Hitze anbraten, dabei ständig umrühren. Marinade oder etwas Wasser hinzufügen, wenn die Soja-Schnetzel an der Pfanne ankleben. Sind sie angebräunt, Zwiebel, Frühlingszwiebeln, Kartoffeln und Zucchini hinzufügen. Mit Wasser aufgießen, bis alles bedeckt ist, und 15 Minuten köcheln lassen oder bis die Kartoffeln fast gar sind. Colombopulver, Salz und Kokosmilch hinzufügen. Hitze reduzieren und weitere 20 Minuten köcheln lassen, dabei immer wieder umrühren. Wenn das Colombo zu sehr einkocht, etwas Wasser hinzufügen.

4. Zum Schluss mit Limettensaft beträufeln, mit Salz abschmecken. Mit weißem Reis oder mit Kokosreis (S. 28) servieren.

DOMBRÉS MIT ROTEN BOHNEN

FÜR 4 PORTIONEN / ZUBEREITUNG: 15 MINUTEN / KOCHZEIT: 1 STUNDE 15 MINUTEN / EINWEICHEN: 15 MINUTEN

Dombrés sind kleine Kugeln aus Mehl und Wasser. So preiswert sie sind, so sättigend sind sie. Sie waren das tägliche Essen der Feldarbeiter, es wurde mit Armut gleichgesetzt, was heute nicht mehr der Fall ist. Wenig bekannt ist, dass Dombrés von holländischen Juden auf Guadeloupe eingeführt wurden. Sie waren von Brasilien auf der Flucht vor der portugiesischen Inquisition. Heute hat jede Karibikinsel ihre eigene Interpretation von Dombrés. Es gibt sie in allen möglichen Formen, manchmal sind sie auch gefüllt, vor allem auf Puerto Rico. Auch werden sie überall anders bezeichnet: Auf Jamaika heißen sie Spinners, auf Haiti werden sie Bòy genannt (wegen ihrer phallischen Form). Die Einwohner Guyanas wiederum nennen sie Dongué oder Dondjé.

FÜR DAS RAGOUT

200 g Jackfrucht (oder Tofu, Seitan, anderer Fleischersatz …)
1 EL Sonnenblumenöl
1 Zwiebel, geschält, klein geschnitten
1 Karotte, geschabt, in Würfel geschnitten
3 Knoblauchzehen
½ TL Salz
1 TL Paprikapulver
1 TL Viergewürz (Quatre-épices, optional)
1 Zweig frischer Thymian
1 Lorbeerblatt
120 ml Kokosmilch
800 g Kidneybohnen aus der Dose
2 TL Gemüsebrühe (oder 1 Brühwürfel)
1 milde Chilischote

FÜR DIE DOMBRÉS

120 g Weizenmehl
½ TL Salz

1. Jackfrucht in Stücke schneiden, mit kochendem Wasser übergießen und 15 Minuten einweichen. Abtropfen lassen und mit kaltem Wasser gut abspülen.

2. Öl in einer großen Pfanne mit hohem Rand erhitzen. Jackfrucht in die Pfanne geben und 5 Minuten sautieren. Zwiebel, Karotte, Knoblauch, Salz, Paprika, Viergewürz, Thymian, Lorbeerblatt, Kokosmilch, 400 ml Wasser, Kidneybohnen und Brühe hinzufügen. Chili unzerteilt hinzugeben.

3. Zum Kochen bringen, Hitze reduzieren und zugedeckt 45 Minuten köcheln lassen.

4. Für die Dombrés Mehl, 4 EL Wasser und Salz in eine Schüssel geben und zu einem Teig verkneten. Einen langen Strang formen und in etwa zehn gleich große Stücke schneiden. Jedes Stück zwischen den Handflächen zu kleinen Kugeln rollen.

5. Das Ragout abschmecken, eventuell etwas nachwürzen. Die Dombrés vorsichtig hinzugeben und bei mittlerer Hitze 10 Minuten mitköcheln. Bei Bedarf etwas Wasser nachgießen. Heiß servieren.

BROTFRUCHT-MIGAN

FÜR 4 PORTIONEN / ZUBEREITUNG: 5 MINUTEN / KOCHZEIT: 15 MINUTEN

Brotfrucht-Migan wurde früher »Arme-Leute-Essen« genannt, da es billig und sehr nahrhaft ist. Die Brotfrucht ist reich an Ballaststoffen und Vitaminen, ist daher sehr beliebt und wird für viele süße und herzhafte Gerichte verwendet. Dieses Gericht schmeckt, so wie es ist, köstlich und zergeht auf der Zunge, Sie können es aber auch mit Gemüse Ihrer Wahl verfeinern. Wir essen dazu oft Topinambur, Kochbanane oder Tofustücke.

1 reife Brotfrucht
1 EL neutrales Pflanzenöl
1 kleine Zwiebel, gehackt
2 Zweige frische glatte Petersilie
2 Frühlingszwiebeln
2 Knoblauchzehen, gepresst
1 TL Viergewürz (Quatre-épices, optional)
1 TL Colombopulver (S. 104), mit 2 EL Wasser verrührt
1 Nelkenpfefferblatt
2 Lorbeerblätter
3 Zweige Thymian
1 Chilischote, mild
Saft von 1 Limette
Salz, Pfeffer nach Belieben

1. Die Brotfrucht waschen, schälen und in mittelgroße Stücke schneiden.

2. Öl in einer großen Pfanne mit hohem Rand erhitzen, Zwiebel, Petersilie, Frühlingszwiebeln, Knoblauch und Gewürze hinzufügen und unter Rühren anbraten.

3. Brotfruchtstücke, Nelkenpfeffer- und Lorbeerblätter, Thymian und Chili in die Pfanne dazugeben. Mit Wasser aufgießen und bei niedriger Hitze etwa 45 Minuten köcheln lassen.

4. Ist die Brotfrucht weich, alles mit einem Kartoffelstampfer zerdrücken. Bei einer zu festen Konsistenz etwas Wasser hinzufügen. Limettensaft, Salz und Pfeffer unterrühren und weitere 10 Minuten auf kleiner Flamme köcheln lassen.

Ggf. mit Gemüse oder Tofu als Beilage servieren.

CHRISTOPHINEN-GRATIN

FÜR 4 PORTIONEN / ZUBEREITUNG: 15 MINUTEN / KOCHZEIT: 50 MINUTEN

Die Christophine oder Chayote, wie sie in Europa genannt wird, gehört zur Familie der Kürbisgewächse. Man kann sie auf ganz unterschiedliche Art zubereiten, roh oder gekocht. Aber dieses Rezept war schon immer mein Favorit. Es passt hervorragend zu gebratenem Seitan (S. 128) oder zum Kokos-Soja (S. 130).

2 Christophinen
50 g altes Brot
120 ml pflanzliche Milch
1 EL neutrales Pflanzenöl
75 g geräucherter Tofu, in kleine Stifte geschnitten
1 EL Flüssigrauch (oder gesalzene Sojasauce)
3 Knoblauchzehen, gepresst
1 kleine Zwiebel, gehackt
2 Frühlingszwiebeln, gehackt
20 g glatte Petersilie, gehackt
Salz, Pfeffer nach Belieben
veganer Reibekäse
Semmelbrösel

1. Die Christophinen gut waschen und der Länge nach halbieren. Das Herz entfernen. In einem Topf Wasser erhitzen und die Christophinen darin 30 Minuten kochen oder dampfgaren. Herausnehmen und abkühlen lassen.

2. Inzwischen das Brot in der Pflanzenmilch einweichen.

3. Mit einem Löffel das Fruchtfleisch aus den Christophinenhälften herauslösen und in eine Schüssel geben, die Schalen beiseitelegen. Christophinenfleisch zerstampfen, Brot gut ausdrücken und unter das Christophinenpüree mischen.

4. Öl in einer Pfanne erhitzen, Räuchertofu, Flüssigrauch, Knoblauch, Zwiebel, Frühlingszwiebel und Petersilie hinzufügen. Einige Minuten sautieren und anschließend das Christophinenpüree in die Pfanne geben. Gut umrühren, mit Salz und Pfeffer abschmecken und vom Herd nehmen, kurz abkühlen lassen.

5. Die Füllung in die Christophinenschalen geben, mit Reibekäse und Semmelbröseln bestreuen. Im Ofen bei 200 °C für 20 Minuten überbacken. Heiß servieren.

TIPP

> Für dieses Rezept empfehle ich weiße Christophinen, die grünen sind weniger geeignet.

TI-NAIN-GRATIN

FÜR 4 PORTIONEN / ZUBEREITUNG: 15 MINUTEN / KOCHZEIT: 50 MINUTEN

Ti-nain sind grüne Bananen mit festem Fruchtfleisch, das dem von Kartoffeln sehr ähnlich ist. Sie werden nur gekocht verwendet und wie ein Gemüse zubereitet. Mit ihrem neutralen Geschmack sind sie eine ideale Beilage zu vielen Gerichten, aber als Auflauf, wie in diesem Rezept, sind sie einfach köstlich!

- 6–7 Ti-nain Bananen
- 1 EL neutrales Pflanzenöl
- 2 Knoblauchzehen
- 1 kleine Zwiebel
- 75 g geräucherter Tofu, in kleine Stifte geschnitten
- 250 g Pflanzencreme
- 1 Prise Muskatnuss
- Salz, Pfeffer nach Belieben
- pflanzliche Butter
- 30 g veganer Reibekäse (oder Semmelbrösel)

1. Bananen ungeschält in reichlich Salzwasser kochen. Mit dem Messer die Garprobe machen: Kann man sie leicht einstechen, sind sie gar (nach etwa 30 Minuten Kochzeit). Die Bananen herausnehmen, gut abtropfen lassen, schälen, in eine große Schüssel geben und mit einer Gabel zerdrücken.

2. Backofen auf 200 °C vorheizen.

3. Öl in einer großen Pfanne erhitzen, Knoblauch und Zwiebel darin anschwitzen. Wenn die Zwiebel beginnt glasig zu werden, Räuchertofu hinzugeben und weitere 3 Minuten braten. Die Pflanzencreme unterrühren. Alles über das Bananenpüree gießen, gut vermischen. Mit Muskatnuss, Pfeffer und Salz würzen.

4. Eine Auflaufform mit Butter ausstreichen und das Bananenpüree einfüllen. Mit Reibekäse (oder Semmelbrösel) bestreuen, ein paar Butterflöckchen oben aufsetzen.

5. Für 15 Minuten in den Backofen schieben, bis die Oberseite schön gratiniert ist.

SEITAN BOUCANÉ

FÜR 2 PORTIONEN / ZUBEREITUNG: 5 MINUTEN / KOCHZEIT: 20 MINUTEN / MARINIEREN: ÜBER NACHT

Boucanage ist eine Technik zum Konservieren und Garen von Fleisch und Fisch, die früher von karibischen Piraten und Freibeutern angewandt wurde. So konservierten sie ihre Vorräte auf langen Seereisen. Es war ihre einzige Möglichkeit, die Lebensmittel auf ihren Schiffen haltbar zu machen, indem sie das Fleisch oder den Fisch viele Stunden lang auf dem Grill bei niedriger und feuchter Hitze räucherten. Diese Methode ist dem jamaikanischen Jerk-Cooking recht ähnlich (S. 34 und S. 37). Wenn Sie keinen Grill haben, finden Sie weiter unten eine weitere Kochmöglichkeit, wie Sie dem für die Antillen so typischen Räuchergeschmack möglichst nahe kommen.

- 1 scharfe Chilischote (Habanero)
- 2 Knoblauchzehen, geschält
- 2 Frühlingszwiebeln
- 1 Schalotte
- 2 Zweige frische glatte Petersilie
- Salz, Pfeffer nach Belieben
- 200 g Seitan
- 1 EL weißer Essig
- Saft von 1 Limette

1. Am Vortag Chili waschen, schneiden und entkernen. In einem Mixer Knoblauch, Frühlingszwiebeln, Schalotte, Petersilie und Chili pürieren. Mit Salz und Pfeffer nach Belieben würzen. Seitan in eine Kühlschrankbox oder einen Gefrierbeutel geben, die Würzpaste mit Essig und Limette gemischt darüber verteilen, sodass der Seitan rundum bedeckt ist. Über Nacht kühl stellen.

ZUBEREITUNG AUF DEM GRILL

1. Den Grill vorbereiten und anzünden. Seitan aus dem Kühlschrank nehmen. Wenn eine Glut entstanden ist, Seitan auflegen und etwa zehn Minuten von jeder Seite grillen.

ZUBEREITUNG IN DER GRILLPFANNE / PFANNE

1. Seitan in der Pfanne mit wenig Öl unter ständigem Wenden von allen Seiten braten, bis er eine dunkle Farbe angenommen hat. Mit einer Beilage nach Wahl und Sauce Chien (S. 106) servieren.

TIPP

> Sie können den Seitan durch ein pflanzliches Protein Ihrer Wahl ersetzen, wie zum Beispiel festen Tofu, Soja, andere Fleischersatzprodukte.

KOKOS-SOJA-EINTOPF

FÜR 4 PORTIONEN / ZUBEREITUNG: 10 MINUTEN / KOCHZEIT: 40 MINUTEN / RUHEZEIT: 1 STUNDE

Dieses Rezept ist die vegane Variante eines für die französischen Antillen ganz typischen Gerichts, Huhn in Kokossauce. Meist wird es mit Reis oder einem Gemüsegratin serviert (Christophinen-Gratin, S. 124). Man gibt manchmal auch Erbsen, Zucchini oder Kartoffeln hinzu.

- 150 g grobe Soja-Schnetzel
- 4 Knoblauchzehen, geschält
- 1 EL weißer Essig
- 1 EL Limettensaft
- 3 EL Sonnenblumenöl
- 1 Schalotte, in kleine Stücke geschnitten
- 1 Zwiebel, geschält, klein geschnitten
- 400 g stückige Tomaten aus der Dose
- Saft von 1 Limette
- 1 EL Kreuzkümmel
- 1 TL Garam Masala
- 1 EL Kurkuma
- 1 EL Jerk-Marinade (S. 16)
- 400 ml Kokosmilch
- Salz, Pfeffer nach Belieben

1. Soja-Schnetzel in eine große Schüssel geben, mit heißem Wasser übergießen. Abdecken und für eine halbe Stunde quellen lassen. Zwischen den Händen oder mithilfe einer Salatschleuder ausdrücken und überschüssiges Wasser auspressen.

2. In eine Schüssel geben, gepressten Knoblauch, Essig, Limettensaft, 1 EL Öl, Schalotte, Salz und Pfeffer hinzugeben. Gut umrühren und 30 Minuten marinieren lassen.

3. Restliches Öl in einer großen Pfanne mit hohem Rand erhitzen. Soja-Schnetzel ohne Marinade (Marinade beiseitestellen) mit der Zwiebel in die Pfanne geben, bei starker Hitze unter Rühren anbraten.

4. Tomaten, Limettensaft, Kreuzkümmel, Garam Masala und Kurkuma hinzugeben, verrühren und auf mittlerer Hitze 15 Minuten köcheln lassen.

5. Jerk-Marinade (optional) und Kokosmilch einrühren, mit Salz und Pfeffer würzen. Alles gut durchmischen. Zugedeckt 15 Minuten köcheln lassen. Falls die Flüssigkeit zu stark einkocht, ein wenig Marinade hinzufügen.

6. Mit einer Beilage nach Wahl, zum Beispiel Kokosreis (S. 28) oder Reis mit Bohnen (S. 34) servieren.

BOKITS MIT PANIERTEN AUBERGINEN

FÜR 4 STÜCK / ZUBEREITUNG: 30 MINUTEN / RUHEZEIT: 1 STUNDE UND 5 MINUTEN / KOCHZEIT 30 MINUTEN

Bokit ist ein in heißem Öl frittiertes Sandwich, das typisch ist für Guadeloupe. Diese karibische Spezialität ist eine Abwandlung der Johnny Cakes der amerikanischen Ureinwohner. Damals bereiteten die Ärmsten der Armen Brot ohne Hefe zu, das in einer heißen Pfanne in Öl gebraten wurde, weil es so schneller ging und damit sparsamer war. Bokits werden heute mit Gemüse, Gewürzen und allen erdenklichen Pattys gefüllt. Sie sind auf den Inseln sehr beliebt und in Basse-Terre gibt es sogar ein Bokit-Festival.

BOKITS

1 Päckchen Trockenhefe

1 TL Rohrzucker

400 g Weizenmehl

½ TL Salz

1 EL Margarine (Zimmertemperatur)

Öl zum Frittieren

PANIERTE AUBERGINEN

1 große Aubergine

120 ml pflanzliche Milch

60 g Maisstärke

1 TL Salz

60 g Semmelbrösel

Pflanzenöl zum Frittieren

FÜLLUNG

2 Kochbananen

2 EL Kokosöl

Sauce Chien (optional, S. 106)

grüner Salat

4 EL Pikliz (S. 185)

BOKITS

1. In einem Glas mit 100 ml warmem Wasser Hefe und Zucker auflösen, verrühren und 5 Minuten stehen lassen.

2. Mehl und Salz in einer großen Schüssel mischen. Hefemischung, Margarine und 200 ml lauwarmes Wasser nach und nach hinzugeben, gut umrühren, bis ein glatter Teig entsteht. Auf eine bemehlte Fläche legen und mit der Hand gut durchkneten. Zu einer Kugel formen und in eine große, gefettete oder geölte Schüssel legen. Mit Frischhaltefolie oder einem feuchten Küchentuch abdecken und an einem warmen Ort mindestens 1 Stunde gehen lassen. In der Zwischenzeit die Füllung vorbereiten.

3. Wenn der Teig sein Volumen verdoppelt hat, noch einmal durchkneten und in 4 gleichgroße Portionen teilen. Jeweils 2 cm dick ausrollen. Öl in einer Pfanne mit hohem Rand bei mittlerer Temperatur erhitzen. Bokits nacheinander einlegen und unter gelegentlichem Wenden frittieren. Auf Küchenpapier legen, um überschüssiges Öl abtropfen zu lassen.

PANIERTE AUBERGINEN

1. Aubergine waschen und der Länge nach in 2 cm dicke Scheiben schneiden. In einer kleinen Schüssel Pflanzenmilch, Maisstärke und Salz verrühren. In eine weitere kleine Schüssel die Semmelbrösel geben. Auberginenscheiben in die Milch-Stärke-Mischung tauchen und anschließend in den Semmelbröseln wenden.

2. Öl in einer großen Pfanne erhitzen. Auberginenscheiben darin von beiden Seiten frittieren. Auf Küchenpapier legen, um überschüssiges Öl abtropfen zu lassen.

FÜLLUNG

1. Kochbananen schälen und in dicke Scheiben schneiden.

2. In einer Pfanne in heißem Öl von beiden Seiten anbraten. Auf Küchenpapier legen, um überschüssiges Öl abtropfen zu lassen.

3. Bokit-Brote der Länge nach aufschneiden. Jede Hälfte mit Sauce Chien bestreichen, eine Auberginenscheibe, Salatblätter, Kochbananen und 1 EL Pikliz (oder mehr, je nach Geschmack) auflegen. Zusammenklappen und sofort servieren.

KOCHBANANEN-BEIGNETS

FÜR 4 PORTIONEN / ZUBEREITUNG: 5 MINUTEN / KOCHZEIT: 20 MINUTEN

Kochbananenbeignets werden traditionell am Faschingsdienstag gegessen. Aber wenn es nach mir geht, kann es sie gar nicht oft genug geben. In unserer Familie kamen sie oft am Sonntag auf den Tisch.

3 Kochbananen
1 EL Rum
200 g Weizenmehl (oder glutenfreies Mehl)
1 ½ TL Backpulver
1 TL geriebene Muskatnuss
1 Prise Salz

1. Kochbananen schälen, in eine große Schüssel geben und zerdrücken.

2. Restliche Zutaten hinzufügen und gut vermischen.

3. In einer Pfanne mit hohem Rand das Öl erhitzen und den Teig löffelweise hineingeben. Die Bällchen wenden, sodass sie von allen Seiten goldbraun werden. Auf Küchenpapier legen, um überschüssiges Öl abtropfen zu lassen. Noch warm servieren.

TIPPS

- Der Teig sollte ziemlich dickflüssig sein, wie ein klassischer Beignet-Teig. Je nach Reifegrad der Kochbananen kann die Textur unterschiedlich sein. Daher, wenn der Teig zu flüssig ist, etwas Mehl hinzufügen. Und umgekehrt, wenn er zu dick ist, etwas Wasser hinzufügen.
- Es ist sehr wichtig, die Temperatur des Öls bei etwa 175 °C zu halten. Das ist die ideale Temperatur, es wird weniger Öl aufgesogen und die Beignets werden schön knusprig. Ist die Temperatur zu niedrig, dauert es zu lange, bis sie braun werden, ist die Temperatur zu hoch, werden sie schnell braun, aber das Innere ist noch roh.
- Diese Beignets schmecken am selben Tag am besten, aber in einem Gefrierbeutel kann man sie auch bis zu drei Monate einfrieren. Zum Aufwärmen 10 Minuten im Backofen bei 200 °C oder in der Heißluftfritteuse bei 180 °C backen – ideal, damit sie schön knusprig werden.

CHOUCHOUS

FÜR 2 SCHÄLCHEN / ZUBEREITUNG: 5 MINUTEN / KOCHZEIT: 45 MINUTEN

Chouchous, karamellisierte Erdnüsse, sind auf den Antillen allseits beliebt. Sie werden an den Stränden und an vielen Marktständen verkauft. Das Besondere an den karibischen Chouchous ist, dass sie mit rohen Erdnüssen zubereitet werden. Ein kleines, süchtig machendes Vergnügen!

200 g Rohrzucker

300 g Erdnüsse (mit oder ohne Haut)

1 Prise Salz

1. Zucker und 120 ml Wasser erhitzen. Erdnüsse und Salz hinzufügen und gelegentlich umrühren.

2. Wenn die Zuckerlösung die Erdnüsse vollständig überzogen hat und sie zu bräunen beginnen, vom Herd nehmen, mit einer Schaumkelle herausnehmen und auf ein mit Backpapier ausgelegtes Backblech geben.

3. Den Backofen auf 160 °C vorheizen.

4. Die Erdnüsse für 30 Minuten in den Ofen schieben, dabei das Blech gelegentlich rütteln.

5. Aus dem Ofen nehmen und vollständig abkühlen lassen. In Schälchen servieren.

PAIN AU BEURRE

ZUBEREITUNG: 10 MINUTEN / RUHEZEIT: 2 STUNDEN / BACKZEIT: 30 MINUTEN

Dieses Pain au Beurre (Butterstriezel) kommt aus Martinique und ist unerlässlich für ein gutes Frühstück oder einfach für zwischendurch. Man kann es formen, wie man will: In der Bäckerei findet man es üblicherweise als großes, geflochtenes Brot. Meine Mutter hat es immer so wie hier auf dem Foto zubereitet, denn es gibt nichts, was wir mehr lieben, als aus den Resten einen French Toast zu machen. Servieren Sie es mit einer Chocolat Communion (S. 156) oder einem Chaudeau (S. 162)

PAIN AU BEURRE (BUTTERSTRIEZEL)

120 g pflanzliche Butter (oder Margarine)

120 ml Sojamilch

500 g Mehl

½ TL Salz

2 EL Rohrzucker

2 Päckchen Trockenhefe (1 Päckchen, wenn Sie einen Brotback-automaten verwenden)

ZUM BESTREICHEN

2 EL pflanzliche Milch gemischt mit 1 EL Agavensirup

1. Butter, 180 ml Wasser und Sojamilch in eine Schüssel geben. In der Mikrowelle (oder im Wasserbad) erhitzen, bis die Butter geschmolzen ist. Alles gut verrühren.

2. Mehl in eine große Schüssel sieben, Salz und Zucker hinzufügen. Trockenhefe einstreuen und gut verrühren. Sojamilch-Mischung dazugeben und mit einem Holzlöffel so lange durchrühren, bis ein glatter Teig entsteht. Teig zu einer Kugel formen, ist er zu flüssig, etwas Mehl hinzufügen. Auf eine bemehlte Fläche legen und mit der Hand nochmals gut durchkneten, bis der Teig elastisch und griffig ist. Zu einer Kugel formen und in eine große, gefettete oder geölte Schüssel legen. Mit Frischhaltefolie oder einem feuchten Geschirrtuch abdecken und an einem warmen Ort mindestens 1 Stunde ruhen lassen, bis der Teig sein Volumen verdoppelt hat.

3. Teig aus der Schüssel nehmen und erneut durchkneten. In die gewünschte Form flechten, in eine kleine, geölte Brotform (für ein hohes Brot) oder auf ein mit Backpapier ausgelegtes Backblech (für ein flaches Brot) legen und eine weitere Stunde bei Raumtemperatur gehen lassen.

4. Den Backofen auf 180 °C vorheizen.

5. Die Oberseite mit der Ahornsirup-Mischung bestreichen und für etwa 30 Minuten backen, bis der Striezel an der Oberfläche goldbraun ist. Herausnehmen und abkühlen lassen.

TIPP

» Ich verwende eine Brotbackform der Größe 21,5 x 12,3 x 11,4 cm.

JALOUSIES À LA BANANE

FÜR 9 STÜCK / ZUBEREITUNG: 15 MINUTEN / KOCHZEIT: 40 MINUTEN

Alle, die auf den Antillen aufgewachsen sind, kennen sie: Bananentaschen. Nach der Schule machten wir einen kleinen Abstecher zur nächsten Bäckerei, um uns dieses kleine Glück zu kaufen. Für die Blätterteigtaschen mit köstlicher Füllung können Sie den Teig selbst machen (S. 54) oder einen Fertig-Blätterteig verwenden. Seinen Namen hat das Gebäck von den Klappläden, die man an den meisten Fenstern karibischer Häuser findet. Die Ränder des Gebäcks erinnern an deren Lamellen.

BANANENKOMPOTT

3 reife Bananen
80 g Kokosblütenzucker
1 TL Zimt
½ TL geriebene Muskatnuss
1 EL Vanilleextrakt
1 Prise Salz
Saft von 1 Limette

JALOUSIES

2 EL Kokosmilch
1 EL Ahornsirup
1 rechteckiger veganer Blätterteig
Kokosblütenzucker

1. Bananen schälen und zerdrücken.

2. Bananenpüree, Kokosblütenzucker, Zimt, Muskatnuss, Vanille, Salz und Limettensaft in einen Topf geben, gut verrühren und bei schwacher Hitze 15–20 Minuten köcheln lassen, bis die Masse eindickt. Abkühlen lassen und beiseitestellen.

3. Den Backofen auf 180 °C vorheizen. Kokosmilch und Ahornsirup in einer Tasse verrühren.

4. Blätterteig ausrollen und in 18 gleich große kleine Rechtecke schneiden. Je einen Löffel Bananenkompott auf der Teigmitte verteilen und mit einem weiteren Teigstück abdecken.

5. Mit der Kokosmilch-Ahornsirup-Mischung bestreichen, die Ränder mit einer Gabel festdrücken. An der Oberseite einstechen, damit der Dampf entweichen kann, mit Kokosblütenzucker bestreuen. Etwa 15–20 Minuten backen, bis die Oberfläche goldbraun ist.

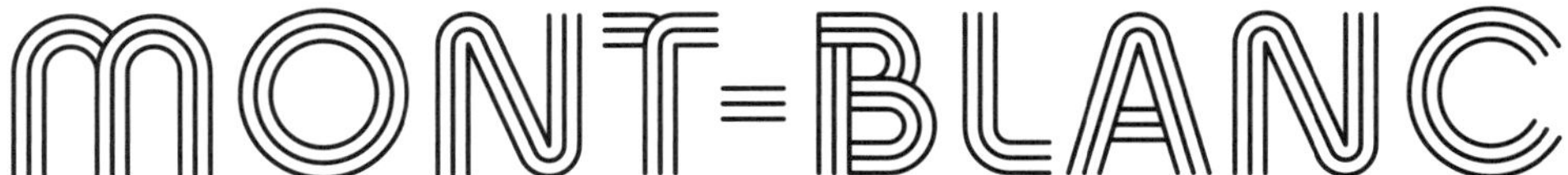

MONT-BLANC

FÜR 6 BIS 8 PORTIONEN / ZUBEREITUNG: 30 MINUTEN / KOCHZEIT: 30 MINUTEN / RUHEZEIT: 1 STUNDE 5 MINUTEN

Bei Taufen oder Hochzeiten ist diese Torte zweifellos der Star. In ihr vereinen sich die typischen Aromen der Antillen: Kokosnuss, Limette, Vanille und Rum. Man backt sie zu besonderen Anlässen, denn die Zubereitung ist etwas aufwendiger. Aber sie schmeckt unvergleichlich gut und bleibt allen Gästen im Gedächtnis.

BISKUIT

240 ml Sojamilch
1 EL Apfelessig
210 g Weizenmehl
30 g Maisstärke
1 TL Backpulver
½ TL Natron
120 g Rohrzucker
1 Schuss brauner Rum
120 ml neutrales Pflanzenöl

SIRUP

40 g Rohrzucker

CREME ANGLAISE

300 ml Sojamilch
200 ml Kokosmilch
Zesten von 1 Limette
80 g Kokosblütenzucker
1 TL Vanilleextrakt
½ TL Agar-Agar
½ EL Maisstärke, in 1 EL Wasser aufgelöst
1 Schuss brauner Rum

ZUM BESTREUEN

Kokosraspel

BISKUIT

1. Den Backofen auf 175 °C vorheizen. Zwei kleine Springformen mit Backpapier auslegen. In einer kleinen Schüssel Sojamilch und Apfelessig vermischen. Die Mischung 5 Minuten lang stehen lassen, bis sie aufschäumt.

2. In einer großen Schüssel Mehl, Maisstärke, Backpulver, Natron und Zucker vermischen. Rum und Öl zur Milch-Essig-Mischung geben, gut verrühren und nach und nach in die Trockenmischung gießen. Alles gut durchmischen. Den Teig in die Springformen verteilen und 20 Minuten backen. Garprobe mit einem Holzstäbchen machen: Falls kein Teig mehr kleben bleibt, ist der Biskuit fertig.

3. Erst nach dem vollständigen Abkühlen aus der Form nehmen. In der Zwischenzeit den Sirup und die Creme zubereiten.

SIRUP

1. In einem kleinen Topf Zucker und 40 ml Wasser gut verrühren. Zum Kochen bringen, vom Herd nehmen und abkühlen lassen.

CREME ANGLAISE

1. In einem Topf alle Zutaten gut verrühren. Bei mittlerer Temperatur unter ständigem Rühren erhitzen, bis die Creme einzudicken beginnt. Wenn sich Blasen bilden, vom Herd nehmen und abkühlen lassen.

FERTIGSTELLUNG

1. Biskuitböden aus der Form nehmen und mit einem großen Messer in zwei Hälften schneiden. Die Creme großzügig auf den Biskuithälften verteilen, mit Kokosraspeln bestreuen. Die 4 Biskuitlagen aufeinanderschichten.

2. Die Oberseite mit Sirup bepinseln. Mit der restlichen Creme bestreichen und mit Kokosraspeln bestreuen.

Vor dem Servieren mindestens eine Stunde kühl stellen.

TIPP

> Ist die Creme zum Verstreichen zu fest geworden, einfach für 1–2 Minuten unter ständigem Rühren erwärmen.

FLAMBIERTE BANANEN

FÜR 4 PORTIONEN / ZUBEREITUNG: 5 MINUTEN / KOCHZEIT: 10 MINUTEN

Flambierte Bananen sind eines der beliebtesten und bekanntesten Desserts der Karibik. Um es noch eindrucksvoller zu machen, flambieren Sie sie mit dem Rum direkt am Tisch vor den Augen der Gäste!

4 nicht zu reife Bananen
2 TL Margarine
2 EL Limettensaft
2 EL Rohrzucker
1 Schuss brauner Rum

1. Bananen schälen und der Länge nach in Scheiben schneiden.

2. Margarine in einer großen Pfanne bei kleiner Hitze schmelzen lassen. Bananen in die Pfanne legen, mit Limettensaft beträufeln und mit Rohrzucker bestreuen. Etwa 3 Minuten auf jeder Seite goldbraun karamellisieren lassen.

3. Vom Herd nehmen, einen Schuss Rum über die Bananen gießen und flambieren. Sofort servieren.

TIPP

> Die Menge an Zucker und Rum können Sie beliebig variieren.

GESTÜRZTER ANANASKUCHEN

FÜR 6 BIS 8 PORTIONEN / ZUBEREITUNG: 15 MINUTEN / KOCHZEIT: 25 MINUTEN / RUHEZEIT: 5 MINUTEN

Mit seinen karamellisierten Ananasscheiben und dem mit Rum verfeinerten Biskuit ist dieser Kuchen ein tropisches Geschmackserlebnis. Weich und zart duftend kann ihm niemand widerstehen. Er ist der König aller Familienfeste.

KARAMELLISIERTE ANANAS

- 1 frische Ananas in Scheiben oder aus der Dose (ca. 350 g)
- 6 EL Rohrzucker
- Saft von 1 Limette
- pflanzliche Butter

BISKUIT

- 240 ml Sojamilch
- 1 EL Apfelessig
- 220 g Weizenmehl
- 30 g Maisstärke
- 1 TL Backpulver
- ½ TL Natron
- 120 g Rohrzucker
- 50 ml Rum
- 120 ml neutrales Pflanzenöl

1. Den Backofen auf 175 °C vorheizen. In einer kleinen Schüssel Sojamilch und Apfelessig vermischen. Die Mischung 5 Minuten lang stehen lassen, bis sie aufschäumt.

2. In einer großen Schüssel Mehl, Maisstärke, Backpulver, Natron und Zucker vermischen. Rum und Öl zur Milch-Essig-Mischung geben, gut verrühren und nach und nach in die Trockenmischung gießen. Langsam verrühren, bis alles gut vermischt ist.

3. Die Ananasscheiben abtropfen lassen, den Saft aufbewahren. Zucker und Limettensaft in einen kleinen Topf geben, nicht verrühren. Etwa 5 Minuten erhitzen, bis sich Karamell bildet. Karamell in die gebutterte Form gießen, einige Butterflöckchen darauf verteilen und die Ananasscheiben auflegen.

4. Den Teig auf den Ananasscheiben verteilen. Für etwa 20 Minuten in den Backofen schieben. Garprobe mit einem Holzstäbchen machen: Wenn kein Teig mehr kleben bleibt, ist der Kuchen fertig. Aus dem Ofen nehmen, kurz abkühlen lassen und den Kuchen auf einen großen Teller stürzen.

5. In einer kleinen Tasse etwas Ananassaft mit Rum vermischen. Damit der Saft in den Kuchen eindringt, die Oberseite leicht einstechen und mit der Ananas-Rum-Mischung beträufeln. Vor dem Servieren vollständig abkühlen lassen.

MAISGRIESS-CREME

FÜR 4 PORTIONEN / ZUBEREITUNG: 5 MINUTEN / KOCHZEIT: 20 MINUTEN / RUHEZEIT: 2 STUNDEN

In der karibischen Küche ist Maisgrieß eine Basiszutat, die für alles Mögliche verwendet wird, zum Beispiel für das jamaikanische Porridge (S. 26). Diese Maisgrieß-Creme ist eine herzerwärmende Süßspeise. Sie ist auf den Antillen sehr beliebt und wird häufig zu Weihnachten serviert.

- 4 TL Rosinen in Rum eingelegt (optional)
- 1 Vanilleschote
- 1 Zimtstange
- 1 l Sojamilch (Natur oder Vanille)
- ½ TL geriebene Muskatnuss
- Zesten von 1 Limette
- 160 g Polenta (feiner Maisgrieß)
- 3 EL süße Kokoscreme (S. 78) oder Kokosblütenzucker nach Belieben

1. In kleine Auflaufförmchen 1 TL (über Nacht in Rum eingelegte) Rosinen geben.

2. Vanilleschote und Zimtstange in einem großen Topf mit Sojamilch, Muskatnuss und Limettenzesten bei mittlerer Temperatur erhitzen. Gut umrühren.

3. Wenn die Sojamilch zu kochen beginnt, Polenta einstreuen und Kokoscreme (oder Kokosblütenzucker) hinzufügen. Ständig umrühren, bis die Masse eindickt. Vom Herd nehmen, Vanilleschote und Zimtstange entfernen. Die Creme in die Förmchen füllen. Abkühlen lassen und mindestens 2 Stunden lang kühl stellen.

TIPP

> Sie können die süße Kokoscreme durch ein Süßungsmittel Ihrer Wahl ersetzen, zum Beispiel Kokosblütenzucker oder Ahornsirup.

PÂTÉS CONFITURE

FÜR 16 STÜCK / ZUBEREITUNG: 5 MINUTEN / KOCHZEIT: 20 MINUTEN

Ein weiteres köstliches Süßgebäck und bei uns damals auf Schulausflügen sehr beliebt, sind diese kleinen Marmeladetaschen. Sie können je nach Geschmack und Saison mit unterschiedlichen Marmeladen gefüllt werden. Meine Favoriten sind die Kokos- und die Guaven-Füllung.

8 TL Kokosmarmelade
8 TL Guavenmarmelade
2 Lagen Blätterteig

ZUM BESTREICHEN
2 EL Kokosmilch
1 EL Ahornsirup
Kokosblütenzucker

1. Den Backofen auf 180 °C vorheizen. Kokosmilch und Ahornsirup in einer Tasse verrühren.

2. Blätterteig ausrollen und mit einem Ausstecher oder einem Glas 16 Kreise ausstechen. Es gibt zwei Varianten, das Gebäck zu formen: Auf eine Hälfte eines Teigkreises 1 TL Marmelade geben und durch Umschlagen der anderen Hälfte zuklappen. Oder in die Mitte des Teigkreises 1 TL Marmelade geben und einen weiteren Teigkreis als Deckel auflegen.

3. Mit der Kokosmilch-Ahornsirup-Mischung bestreichen, die Ränder mit einer Gabel gut festdrücken. An der Oberseite mit einer Gabel einstechen, damit der Dampf entweichen kann, mit Kokosblütenzucker bestreuen. Etwa 15–20 Minuten backen, bis die Taschen goldbraun sind.

DOUCELETTES

ZUBEREITUNG: 5 MINUTEN / KOCHZEIT: 1 STUNDE

Von dieser karibischen Süßigkeit auf Kokosnussbasis genügt ein Bissen als Seelentröster. Traditionell werden Doucelettes mit dem ausgelösten Fruchtfleisch frischer Kokosnüsse zubereitet. Hier präsentiere ich Ihnen eine vereinfachte Version, die ebenso köstlich ist.

400 ml Kokosmilch

100 g süße Kokoscreme (S. 78)

500 g Rohrzucker

½ TL Vanilleextrakt

1. In einem Topf alle Zutaten gut verrühren.

2. Zum Kochen bringen, bis sich der Zucker vollständig aufgelöst hat, die Hitze reduzieren und 45 Minuten köcheln lassen. Gelegentlich umrühren, damit nichts anbrennt.

3. In eine quadratische Silikonform geben und vollständig abkühlen lassen. Aus der Form lösen und in kleine Vierecke schneiden.

TIPPS

> Ich verwende eine 20 x 20 cm große Silikonform. Sie können auch eine andere Größe wählen, je nachdem, wie dick die Doucelettes sein sollen.

> Es kann aber jede herkömmliche Form verwendet werden, diese muss dann vor dem Einfüllen mit geschmolzenem Kokosöl eingepinselt werden.

SIK À COCO

ZUBEREITUNG: 5 MINUTEN / KOCHZEIT: 50 MINUTEN / KÜHLEN: 2 STUNDEN

Noch eine tröstende Süßigkeit, die süchtig macht. Große Stücke aus getrockneter Kokosnuss machen Kokos-Sik einfach unwiderstehlich. Ein bisschen Geduld ist nötig bei der Zubereitung, aber es lohnt sich!

1 Kokosnuss (oder 200 g Kokoschips)

250 g Rohrzucker

1 TL Vanillearoma

1. Die Kokosnuss öffnen, das Kokosnussfleisch herauslösen und in grobe Stückchen raspeln.

2. Zucker, 250 ml Wasser und Vanillearoma in einen Topf geben und bei schwacher Hitze unter gelegentlichem Rühren aufkochen.

3. Wenn es beginnt zu karamellisieren, Kokosraspel dazugeben, gut umrühren und kandieren lassen, bis die ganze Flüssigkeit aufgesogen ist (etwa 45 Minuten).

4. Vom Herd nehmen, die Kokosmasse löffelweise auf ein mit Backpapier belegtes Brett geben

TIPP

> Um die Kokosnuss zu öffnen, mit einer Stricknadel oder einem spitzen Messer zwei der drei Augen der Kokosnuss einstechen. Das Kokoswasser in ein Glas laufen lassen. Die Kokosnuss mit einem Handtuch umwickeln und mehrmals gegen eine harte Kante schlagen. Es entsteht ein Riss und die Kokosnuss bricht auf. Jetzt können Sie sie auseinanderbrechen und das Fruchtfleisch vorsichtig mit einem Messer herauslösen.

CHOCOLAT COMMUNION

FÜR 3 BIS 4 TASSEN / ZUBEREITUNG: 5 MINUTEN / KOCHZEIT: 10 MINUTEN

Diese heiße Schokolade begleitet mich seit meiner Kindheit. Sie ist dickflüssig und cremig und wird Kommunionsschokolade genannt, denn wir trinken sie oft am Sonntag zum Butterstriezel (S. 138). Auf den Antillen verwendet man für die Zubereitung Kakaostangen, diese habe ich hier durch Kakaopulver ersetzt.

- 2 Zimtstangen
- 250 ml Kokosmilch
- 350 ml Mandelmilch
- 1 TL geriebene Muskatnuss
- 1 Prise Salz
- 50 g Kokosblütenzucker nach Belieben
- 2 EL entöltes Kakaopulver
- 1 EL Erdnussbutter
- 20 g Zartbitterschokolade
- 1 gehäufter EL Maisstärke, in 2 EL Wasser aufgelöst

1. Die Zimtstangen in einen Topf geben, Kokosmilch, Mandelmilch, Muskatnuss, Salz und Kokosblütenzucker hinzufügen und bei mittlerer Temperatur unter ständigem Rühren erhitzen, bis sich Zucker und Gewürze aufgelöst haben.

2. Kakaopulver und Erdnussbutter hinzufügen, Zartbitterschokolade in den Topf reiben, gut verrühren, bis die Schokolade geschmolzen ist, dann die Hitze reduzieren.

3. Die Maisstärke mit 2 EL Wasser in einer Tasse verquirlen, in den Topf gießen und weiterrühren. Wenn das Schokoladengetränk die gewünschte Konsistenz hat, vom Herd nehmen und heiß servieren.

STACHELANNONEN-UND MANGOSAFT

FÜR 2 GROSSE GLÄSER / ZUBEREITUNG: 15 MINUTEN / KÜHLEN: 2 STUNDEN

Diese beiden sehr erfrischenden Säfte sind meine Lieblingssäfte. Sie sind ganz einfach zuzubereiten, ohne Entsafter, und es ist so viel besser und günstiger, sie zu Hause selbst zu machen!

STACHELANNONENSAFT

1 sehr reife Stachelannone

10 cm Zuckerstange (oder 2 EL Rohrzucker)

Saft von 1 Limette

60 ml Agavensirup nach Belieben

MANGOSAFT

2 große reife Mangos, in Stücke geschnitten

Saft von 1 Limette

STACHELANNONENSAFT

1. Die Stachelannone waschen, schälen und entkernen. Fruchtfleisch im Mixer pürieren.

2. In einen Krug oder eine breite Karaffe geben, mit 600 ml Wasser, Zucker, Limettensaft und Agavensirup auffüllen und gut verrühren. Vor dem Servieren mindestens 2 Stunden kühl stellen.

MANGOSAFT

1. Mangos mit Limettensaft und 700 ml Wasser im Mixer oder in der Küchenmaschine pürieren. Vor dem Servieren mindestens 2 Stunden kühl stellen.

ERDNUSS-PUNSCH

ZUBEREITUNG: 5 MINUTEN / KÜHLEN: 1 STUNDE

Erdnusspunsch ist ein sehr beliebtes Getränk in der Karibik, vor allem auf den Französischen Antillen, Jamaika und Trinidad. Lange Zeit war er den Männern vorbehalten, da er aufgrund seines hohen Proteingehaltes als Stärkungsmittel, aber vor allem als Aphrodisiakum angesehen wurde. Heute kann natürlich jeder ein Glas Erdnuss-Punsch genießen, ob mit oder ohne Alkohol.

120 g rohe Erdnüsse (mit oder ohne Haut)

350 ml Kokosmilch

1 TL geriebene Muskatnuss

1 EL Vanilleextrakt

1 Prise Salz

100 ml süße Kokoscreme nach Belieben (S. 78)

150 ml weißer Rum (optional)

1. Backofen auf 180 °C vorheizen. Erdnüsse auf ein mit Backpapier ausgelegtes Backblech verteilen und 10 Minuten rösten.

2. Aus dem Ofen nehmen, abkühlen lassen und die Haut der Erdnüsse entfernen.

3. Erdnüsse in den Mixer geben, mit Kokosmilch, Muskatnuss, Vanilleextrakt, Salz, Kokoscreme und Rum (optional) mixen, bis eine cremige Flüssigkeit entsteht.

4. Durch ein Sieb oder einen Pflanzenmilchbeutel filtern, in eine Flasche abfüllen und vor dem Genießen 1 Stunde kühl stellen.

TIPP

> Die Erdnüsse können Sie auch durch Erdnussbutter ersetzen.

CHAUDEAU

FÜR 2 BIS 4 TASSEN / ZUBEREITUNG: 5 MINUTEN / KOCHZEIT: 10 MINUTEN / RUHEZEIT: 15 MINUTEN

Chaudeau ist in der Karibik so verbreitet wie hierzulande der Eierlikör. Allerdings ohne Alkohol, die Kinder trinken ihn gerne zum Butterstriezel (S. 138). Ein wohliges Geschmackserlebnis, reich an Aromen und unvergleichlich cremig, lecker und wärmend.

50 g Cashewkerne
200 ml Kokosmilch
300 ml Mandelmilch
1 TL Zimt
1 Prise Muskatnuss
1 Prise Salz
60 ml Ahornsirup
1 Vanilleschote
Zesten von Limette (optional)
1 gehäufter EL Maisstärke

1. Cashewkerne mit kochendem Wasser übergießen und 15 Minuten zugedeckt stehen lassen.

2. Wasser abschütten, Cashewkerne abtropfen lassen und mit kaltem Wasser abspülen. In einen Mixer geben und mit Kokosmilch, Mandelmilch, Zimt, Muskatnuss, Salz und Ahornsirup mixen, bis eine homogene Flüssigkeit entsteht.

3. In einen Topf geben, Vanilleschote und Limettenzesten (optional) hinzufügen. Auf niedriger Temperatur langsam erwärmen.

4. Die Maisstärke mit 2 EL Wasser in einer Tasse verquirlen, in den Topf gießen und weiterrühren. Wenn der Chaudeau die gewünschte Konsistenz hat, vom Herd nehmen und heiß servieren.

TIPP

> Bei einer Allergie gegen Cashewkerne lassen Sie diese weg und ersetzen Sie die Kokosmilch durch Kokoscreme, um eine dickflüssigere Konsistenz zu erhalten.

HAITI

Auf Haiti verschmilzt das kulinarische Erbe der Taínos mit den Einflüssen der eingewanderten ethnischen Gruppen zu einer unvergleichlichen Aromenvielfalt. Hier entwickelte sich eine kreolische Küche, die aus dem Zusammenspiel verschiedener kulinarischer Stile entstanden ist: Afrikanische, französische, spanische und arabische Elemente formten eine neue haitianische Küche. Eine Vielfalt und Mischung, wie sie in der gesamten Karibik anzutreffen ist.

Einerseits bleibt man seinen vorkolonialen und westafrikanischen Wurzeln treu, andererseits fließen auch viele europäische Geschmacksrichtungen mit ein. Die Ernährung auf Haiti ist an sich sehr stärkelastig, viele Gerichte basieren auf Kartoffeln, Maniok, Brotfrucht, Yamswurzeln und Bohnen. Eines der populärsten Gerichte auf Haiti ist Reis mit roten Bohnen, er wird auch »Riz national« genannt und üblicherweise mit Tomaten, Zwiebeln und Sauce serviert.

Bis heute ist die Esskultur auf Haiti stark mit Religion und Traditionen verbunden. Aufgrund der wechselseitigen Einflüsse europäischer und afrikanischer Kulturen praktizieren viele Haitianer Katholizismus und Voodoo, eine Kombination aus christlicher Religion und afrikanischem Animismus. Die katholischen Feiertage werden mit großen Abendessen gefeiert, zu denen es oft Pikliz (S. 185), frittierte Kochbananen (S. 57) und haitianischen Butterkuchen (S. 188) gibt. Anlässe zum Feiern gibt es viele, egal welcher Religion man angehört. An Allerheiligen wird den Verstorbenen mit einem guten Essen gedacht. Es gibt Joumou-Suppe (S. 178), die auch traditionell am Tag der Unabhängigkeit gegessen wird.

Entdecken Sie mit meinen Rezepten die traditionsreiche haitianische Küche und reisen Sie nach Haiti, ohne ins Flugzeug zu steigen!

ÉPI

ZUBEREITUNG: 5 MINUTEN / HALTBARKEIT: BIS ZU 10 TAGE IM KÜHLSCHRANK IN EINEM LUFTDICHTEN GLAS

Diese Würzpaste verfeinert ein jedes haitianisches Gericht, wie Poul nan sos (S. 174) oder Bouyon (S. 180) auf ganz wunderbare Weise. Überall in der Karibik dürfen Knoblauch, Zwiebel, Kräuter und Gewürze bei keinem Essen fehlen. Daher findet man in jedem Kühlschrank auf Haiti ein Glas Épi.

1 Stange Sellerie
1 grüne Paprikaschote
1 rote Paprikaschote
1 Zwiebel
2 Frühlingszwiebeln
25 g glatte Petersilie
4 Knoblauchzehen
2 Gewürznelken
1 Gemüsebrühwürfel
80 ml Sonnenblumenöl
1 EL eingelegte Chili (optional, S. 109)
½ TL Salz
1 Prise Pfeffer

1. Sellerie, Paprika, Zwiebel und Frühlingszwiebeln waschen und klein schneiden.

2. Alle Zutaten in einen Mixer geben und mixen, bis eine homogene Masse entsteht.

TIPP

> Beachten Sie, dass Épi als Basis bei vielen haitianischen Gerichten mitgekocht wird, es wird nicht roh gegessen.

TI MALICE

ZUBEREITUNG: 5 MINUTEN / KOCHZEIT: 25 MINUTEN / HALTBARKEIT: BIS ZU 6 MONATE IM KÜHLSCHRANK

Diese scharfe Sauce, die ganz sicher auch Ihre Geschmacksknospen beeindrucken wird, ist eine Hommage an zwei Figuren aus der Folklore Haitis, die Bouki und Ti Malice heißen. Der Legende nach soll Bouki diese Sauce mit sehr scharfen Chilis seinem Gegenspieler Ti Malice serviert haben, um ihm einen Streich zu spielen. Aber es kam anders als gedacht: Ti Malice schmeckte die Sauce so gut, dass er das Rezept haben wollte und mit allen teilte! Heute hat jede Familie ihre eigene Version der Ti-Malice-Sauce, manche bevorzugen sie auch warm, andere ganz ursprünglich. Wenn Sie es gerne pikant haben, werden Sie diese Sauce lieben und zu all Ihren Lieblingsgerichten servieren.

1 Schalotte, gehackt
3 Knoblauchzehen
1 Zwiebel, geschält, in Stücke geschnitten
1 rote Paprika, in Stücke geschnitten
200 ml Apfelessig
Saft von 1 Limette
5 scharfe Chilischoten (Habaneros), gehackt
2 EL Tomatenmark
60 ml Sonnenblumenöl
Salz, Pfeffer nach Belieben

1. Schalotte, Knoblauchzehen, Zwiebel und Paprika in eine Pfanne mit hohem Rand geben. Apfelessig und Limettensaft zugießen und bei sehr geringer Hitze 1 Stunde köcheln lassen.

2. Die restlichen Zutaten hinzufügen, gut umrühren und alles kurz zum Kochen bringen. Vom Herd nehmen, noch einmal gut verrühren und abkühlen lassen.

3. In den Mixer geben, mixen und sofort in Gläser füllen. Im Kühlschrank aufbewahren.

TIPPS

> Ich empfehle immer Einweghandschuhe zu tragen, wenn Sie mit scharfen Chilischoten arbeiten.
> Zur Aufbewahrung eine ausgekochte, sterile Flasche mit Bügelverschluss verwenden, dann bleibt die Sauce länger haltbar.

MAMBA

ZUBEREITUNG: 5 MINUTEN / KOCHZEIT: 5 MINUTEN / HALTBARKEIT: KÜHL UND TROCKEN BIS ZU 2 MONATE

Erdnussbutter kennen Sie sicher, aber haben Sie auch schon Erdnussbutter mit Chili probiert? Das klingt vielleicht exotisch, aber ich versichere Ihnen, wenn Sie einmal auf den Geschmack gekommen sind, werden Sie nicht genug davon bekommen können. Mamba wird meist mit Maniokchips gereicht. Die Zubereitung ist ein wohl gehütetes Geheimnis unter den Einwohnern Haitis.

200 g ungesalzene rohe Erdnüsse

2 EL Erdnussöl (oder neutrales Pflanzenöl)

1 scharfe Chilischote (Habanero), gehackt

1 Prise Salz

2 EL Puderzucker

1. In einer Pfanne mit Öl die Erdnüsse unter ständigem Rühren rösten, bis sie leicht angebräunt sind.

2. Vom Herd nehmen und mit den restlichen Zutaten im Mixer mixen, bis eine glatte Erdnusscreme entsteht.

TIPP

> Sie können die Chilischote auch durch 1 TL Paprikapulver ersetzen.

POUL NAN SOS

FÜR 4 PORTIONEN / ZUBEREITUNG: 10 MINUTEN / KOCHZEIT: 45 MINUTEN / RUHEZEIT: 1 STUNDE 30 MINUTEN

Poul nan sos, Hühnchen in Sauce, ist ein Gericht, das in weiten Teilen der Karibik sehr verbreitet ist. Da bei uns in der Familie kein Fleisch gegessen wurde, stand dieses Gericht bei uns früher nicht auf dem Speiseplan. Aber heute kann ich Ihnen eine vegane Version vorstellen, die mit Soja-Schnetzel oder einem anderen Fleischersatz zubereitet wird und wirklich köstlich schmeckt. Auch Karotten können Sie hinzufügen und mit unterschiedlichen Paprikasorten farblich experimentieren.

MARINADE

150 g grobe Soja-Schnetzel

Saft und Zesten von 1 großen Orange

Saft und Zesten von 2 Limetten

2 EL weißer Essig

1 Zwiebel, gehackt

2 Knoblauchzehen, gepresst

1 scharfe Chilischote (Habanero), fein gehackt

2 Zweige Thymian

1 Frühlingszwiebel, gehackt

½ TL Salz

1 Prise Pfeffer

POUL NAN SOS

2 EL neutrales Pflanzenöl

2 rote Paprikaschoten, in Streifen geschnitten

1 EL Rohrzucker

2 EL Tomatenmark

Salz, Pfeffer nach Belieben

250 ml Gemüsebrühe

gehackte glatte Petersilie zum Garnieren

1. Soja-Schnetzel in eine große Schüssel geben, mit heißem Wasser übergießen. Abdecken und für eine halbe Stunde quellen lassen.

2. Mit den Händen oder mithilfe einer Salatschleuder ausdrücken und überschüssiges Wasser auspressen.

3. Orangen- und Limettensaft sowie den Essig in einer Schüssel über die Soja-Schnetzel gießen. Zesten, Zwiebel, Knoblauch, Chili, Thymian, Frühlingszwiebel, Salz und Pfeffer hinzugeben und gut durchmischen. Etwa 1 Stunde marinieren lassen, dabei ab und zu umrühren.

4. Backofen auf 180 °C vorheizen.

5. Öl in einer ofenfesten Pfanne erhitzen. Soja-Schnetzel abtropfen lassen und (ohne die Marinade) bei starker Hitze anbraten, dabei ständig umrühren. Wenn die Schnetzel beginnen braun zu werden, Paprika, Rohrzucker, Tomatenmark, Marinade, Salz und Pfeffer zugeben und gut verrühren. Brühe zugießen und zum Kochen bringen.

6. Vom Herd nehmen und die Pfanne für 30 Minuten in den Ofen schieben, ab und zu mit einem Kochlöffel durchrühren. Mit weißem Reis als Beilage und mit gehackter Petersilie bestreut servieren.

Okraschoten-Ragout

FÜR 4 PORTIONEN / ZUBEREITUNG: 10 MINUTEN / KOCHZEIT: 1 STUNDE

Als Kind mochte ich Okraschoten nicht. Ich fand sie merkwürdig. Aber jetzt schmecken sie mir vorzüglich und ich bereue, nicht früher auf den Geschmack gekommen zu sein. Dieses Essen kochte uns meine Mutter, wenn wir krank waren, da Okraschoten gesund und reich an Vitaminen und Antioxidantien sind. Auch sind Okraschoten bei Diabetes sehr zu empfehlen, denn sie helfen, den Blutzuckerspiegel zu regulieren. Bei diesem Gericht tritt die klebrige Textur der Okraschoten vollkommen in den Hintergrund, zugleich bleiben alle ernährungsphysiologischen Vorteile erhalten.

- 2 EL neutrales Pflanzenöl
- 1 Zwiebel, in große Stücke geschnitten
- 2 Knoblauchzehen, gepresst
- 450 g Okraschoten, in Stücke geschnitten
- 3 Karotten, geschabt, in Stücke geschnitten
- 1 Süßkartoffel, geschält, in Stücke geschnitten
- 2 EL Tomatenmark
- 2 EL Épi (S. 168)
- 500 ml Gemüsebrühe
- ½ TL Salz
- 1 TL Kreuzkümmel
- 1 Prise Pfeffer
- 1 EL Paprikapulver edelsüß
- 250 g frischer Spinat
- 50 g glatte Petersilie, gehackt

1. Öl in einer großen Pfanne mit hohem Rand erhitzen. Zwiebel und Knoblauch hinzufügen und etwa 3 Minuten anschwitzen.

2. Okraschoten, Karotten und Süßkartoffel hinzufügen und 30 Minuten garen, bis alle Zutaten weich gekocht sind. Vom Herd nehmen und alles mit einem Kartoffelstampfer oder einer Gabel zerdrücken.

3. Tomatenmark und Épi (S. 168) dazugeben und gut verrühren. Mit Brühe aufgießen und für weitere 10 Minuten zugedeckt köcheln lassen.

4. Salz, Kreuzkümmel, Pfeffer, Paprika und 60 ml Wasser in einer Tasse verrühren und zusammen mit dem Spinat in die Pfanne geben. Als Letztes die Petersilie hinzufügen. Alles unter ständigem Rühren garen.

JOUMOU-SUPPE

FÜR 6 PERSONEN / ZUBEREITUNG: 10 MINUTEN / KOCHZEIT: 1 STUNDE

Diese herzhafte, gesunde Suppe ist symbolisch eng mit der Unabhängigkeit Haitis von der französischen Kolonialherrschaft verbunden. Die Joumou-Suppe war ein Privileg der französischen Kolonialherren. Am 1. Januar 1804 wurde Haiti unabhängig und von da an stand die Suppe allen zu. Sie wurde zum Symbol der Freiheit und kommt traditionell am 1. Januar, dem Nationalfeiertag und Gründungstag der Republik Haiti, auf den Tisch. Man serviert sie mit einem besonderen Brot und nicht nur mit einem einfachen Baguette. Auch dies soll daran erinnern, dass es keine Ungleichheiten mehr gibt.

1 Giraumon oder Butternut-Kürbis
1 EL Olivenöl
1 Zwiebel, geschält, in Stücke geschnitten
3 Knoblauchzehen, klein geschnitten
3 Karotten, geschabt, in Stücke geschnitten
2 Stangen Sellerie, in kleine Scheiben geschnitten
1 EL Épi (S. 168)
Saft von 1 Limette
1,5 l Gemüsebrühe
1 TL Salz
1 Prise Pfeffer
250 g Makkaroni

1. Kürbis waschen, Kerne entfernen, das Fruchtfleisch in Stücke schneiden. In einen Topf geben und etwa 30 Minuten mit 200 ml Wasser kochen oder dämpfen. Wenn der Kürbis weich ist, in einen Mixer geben und zusammen mit dem Kochwasser pürieren, bis eine dickflüssige, homogene Masse entstanden ist.

2. Öl in einer großen Pfanne mit hohem Rand erhitzen. Zwiebel und Knoblauch hinzufügen und 3 Minuten anschwitzen. Karotten, Sellerie und Épi dazugeben und gut umrühren.

3. Kürbispüree, Limettensaft, Gemüsebrühe, Salz und Pfeffer zugeben und 15 Minuten bei mittlerer Hitze köcheln lassen.

4. Makkaroni hinzufügen und etwa 12 Minuten weiterköcheln, bis die Nudeln gar sind.

5. Mit Brot servieren.

BOUYON BÒY

FÜR 4 PORTIONEN / ZUBEREITUNG: 15 MINUTEN / KOCHZEIT: 50 MINUTEN / RUHEZEIT: 15 MINUTEN

Es gibt viele Variationen dieses wärmenden Eintopfs, der mit Épi und viel Saison- und Wurzelgemüse gekocht wird. Immer gehören die kleinen Bòys dazu, die haitianische Version der Dombrés, die wir schon von den Antillen kennen. Ihren Namen verdanken sie ihrer Form, Sie wissen wahrscheinlich, warum. Bouyon wird traditionell am Samstagabend gegessen und die Reste werden gerne am Sonntag verzehrt. Viel länger kann man den Eintopf nicht aufbewahren, da die Bòys im Kühlschrank zu fest werden.

BOUYON

2 Kräuterseitlinge (oder 150 g Jackfrucht)

3 EL Épi (S. 168)

2 EL neutrales Pflanzenöl

2 Karotten, geschabt, in Stücke geschnitten

2 Kartoffeln, geschält, in große Stücke geschnitten

200 g Maniok, geschält, in große Stücke geschnitten

2 Frühlingszwiebeln, geschält, gehackt

2 Knoblauchzehen

1 Zwiebel, geschält, klein geschnitten

2 EL Tomatenmark

850 ml Gemüsebrühe

Saft von 1 Limette

25 g glatte Petersilie, gehackt

BÒYS

120 g Weizenmehl

½ TL Salz

BOUYON

1. Pilze waschen, der Länge nach schneiden und von allen Seiten mit Épi bestreichen. Für 15 Minuten marinieren.

2. Öl in einer großen Pfanne mit hohem Rand erhitzen. Pilze, Karotten, Kartoffeln, Maniok, Frühlingszwiebeln, Knoblauch und Zwiebel in die Pfanne geben. Unter ständigem Rühren 15 Minuten anbraten. Tomatenmark, Gemüsebrühe und Limettensaft zugeben und zugedeckt weitere 15 Minuten bei mittlerer Hitze köcheln lassen, bis das Gemüse gar ist.

BÒYS

1. In der Zwischenzeit die Bòys zubereiten. Mehl, Salz und 120 ml Wasser zu einem leicht klebrigen Teig verrühren. Den Teig zu kleinen Würstchen formen.

2. Bòys vorsichtig zum Eintopf geben, die Hitze reduzieren und zugedeckt 20 Minuten mitkochen.

Mit gehackter Petersilie bestreuen und heiß servieren.

FRITTIERTE OKRASCHOTEN

ZUBEREITUNG: 10 MINUTEN / KOCHZEIT: 3 MINUTEN / RUHEZEIT: 5 MINUTEN

Okraschoten sind süß und seit der Zeit der Sklaverei eine der beliebtesten Zutaten auf Haiti und in vielen anderen Regionen der Karibik – ganz einfach, weil sie überall wachsen und daher auch nicht viel kosten. Ihre besondere Textur sorgt dafür, dass die unterschiedlichsten Aromen, mit denen man sie kombiniert, sehr gut aufgenommen werden. Es gibt unzählige Möglichkeiten, dieses vielseitige Gemüse einzusetzen, wie zum Beispiel als Snack zum Aperitif nach diesem Rezept hier, das ganz einfach zuzubereiten ist.

150 g Okraschoten
100 ml Sojamilch
1 EL Apfelessig
30 g Polenta (feiner Maisgrieß)
75 g Weizenmehl (oder Reismehl)
½ TL Salz
1 Prise Knoblauchpulver
1 Prise Paprikapulver
1 Prise gemahlener schwarzer Pfeffer
Pflanzenöl zum Frittieren
grobes Salz

1. Die Okras waschen und in mittelgroße Stücke schneiden.

2. In einer Schüssel Sojamilch und Apfelessig verquirlen und 5 Minuten stehen lassen, damit die Mischung aufschäumt. In der Zwischenzeit in einer anderen Schüssel Polenta, Mehl und Gewürze vermischen.

3. Öl in einer großen Pfanne mit hohem Rand erhitzen.

4. Jede Okra erst in die Sojamilch-Mischung, dann in die Trockenmischung tauchen und anschließend in das heiße Öl legen. Für etwa 3 Minuten frittieren. Mit einer Schaumkelle herausnehmen und auf Küchenpapier legen, um überschüssiges Öl abtropfen zu lassen. Mit grobem Salz bestreuen.

TIPPS

> Für das Panieren die Okrastücke auf eine Gabel aufspießen, da sie etwas klebrig sind und leicht von den Fingern rutschen.

> Verwenden Sie feste Okraschoten und achten Sie darauf, dass sie keine braunen Flecken haben.

KOCHBANANEN MIT PIKLIZ

ZUBEREITUNG: 10 MINUTEN / RUHEZEIT: 3 TAGE (PIKLIZ) / KOCHZEIT: 10 MINUTEN

Hier stelle ich Ihnen zwei traditionelle Rezepte in einem vor: Erstens das berühmte Pikliz, das in der haitianischen Küche überall anzutreffen ist. Man kann es mit den unterschiedlichsten Gemüsesorten zubereiten. Zweitens die Kochbananenbeignets. Auf Haiti ist Pikliz ebenso beliebt wie Ti Malice (S. 170), um Gerichten eine feine Würze zu verleihen. Es ist eine Art Cole Slaw, jedoch durch die vielen typisch karibischen Ingredienzen wesentlich pikanter.

FÜR DAS PIKLIZ

2 Zweige Thymian
200 g Weißkohl, klein geschnitten
200 g Karotte, klein geschnitten
5 scharfe Chilischoten (Habaneros), gehackt
1 Zwiebel, gehackt
1 Schalotte, gehackt
2 Knoblauchzehen, gehackt
1 Handvoll Gewürznelken
2 Frühlingszwiebeln, fein gehackt
300 ml weißer Essig
Saft von 1 Limette
½ TL Salz
½ TL schwarzer Pfeffer

FÜR DIE KOCHBANANEN

3 Kochbananen
120 g Weizenmehl
½ TL Salz
3 EL Pikliz
2 EL Sonnenblumenöl
1 Limette

PIKLIZ

1. Alle Zutaten in einer großen Schüssel mischen und in Gläser füllen. Im Kühlschrank aufbewahren und vor der Verwendung etwa 3 Tage marinieren lassen.

KOCHBANANEN MIT PIKLIZ

1. Die Kochbananen in einer Schüssel zerdrücken. Mehl, Salz und Pikliz dazugeben und gut vermengen.

2. Öl in einer Pfanne mit hohem Rand erhitzen. Löffelweise den Teig ins heiße Öl geben und von jeder Seite 3 Minuten backen, dabei immer wieder wenden.

3. Zum Servieren mit Limettensaft beträufeln.

TIPP

> Pikliz lässt sich sehr gut für mehrere Wochen aufbewahren. Achten Sie darauf, ganz saubere Küchenutensilien und Gläser bei der Zubereitung zu verwenden.

KARNEVALS-BEIGNETS

FÜR 4 PORTIONEN / ZUBEREITUNG: 5 MINUTEN / KOCHZEIT: 15 MINUTEN

Dieses Dessert wird auf Haiti im Karneval und am Faschingsdienstag gegessen. Familien und Freunde kommen zusammen, um zu feiern, und genießen dabei dieses köstliche Dessert aus Feigenbananen. Anders als auf den Antillen sind die haitianischen Beignets flacher und dünner. Sie werden meist, mit Zucker bestreut, noch lauwarm oder auch kalt verzehrt.

3 Feigenbananen
120 g Weizenmehl (oder Reismehl)
½ TL Natron
1 Prise Salz
50 g Kokosblütenzucker
1 Prise Muskatnuss
1 TL Vanilleextrakt
½ TL Bittermandelextrakt
200 ml pflanzliche Milch
1 TL Rum (optional)
Pflanzenöl zum Frittieren
Zucker zum Bestreuen

1. Die Feigenbananen in einer Schüssel zerdrücken.

2. In einer weiteren Schüssel Mehl, Natron, Salz, Kokosblütenzucker und Muskatnuss vermischen und alles zum Bananenpüree geben.

3. Vanilleextrakt, Mandelextrakt, Pflanzenmilch und Rum (optional) hinzufügen und gut verrühren, bis ein konsistenter Teig entsteht. Beiseitestellen.

4. Öl in einer großen Pfanne mit hohem Rand erhitzen. Den Teig löffelweise in das heiße Öl geben. Etwa 3 Minuten unter gelegentlichem Wenden frittieren. Mit einer Schaumkelle herausnehmen, auf Küchenpapier legen, um das überschüssige Fett abtropfen zu lassen. Kurz auskühlen lassen und mit Zucker bestreuen.

5. Lauwarm oder kalt servieren.

HAITIANISCHER BUTTERKUCHEN

ZUBEREITUNG: 15 MINUTEN / KOCHZEIT: 45 MINUTEN / RUHEZEIT: 5 MINUTEN

Dies ist das Basisrezept für viele haitianische Kuchen: Man kann den Kuchen mit kandierten Früchten oder Nüssen nach Wahl garnieren oder mit einer Glasur überziehen. Ich mag ihn am liebsten ohne alles, mit einer guten Tasse Tee. Er gehört zur Tradition bei besonderen Anlässen, Geburtstagen, Hochzeiten, Taufen. Trotz seines köstlich buttrigen Geschmacks ist er dennoch leicht und fluffig.

120 ml Sojamilch
1 EL Apfelessig
150 ml Orangensaft
120 g pflanzliche Butter (Zimmertemperatur)
120 g Rohrzucker
1 Schuss brauner Rum
1 EL Vanilleextrakt
1 TL Bittermandelextrakt
300 g Weizenmehl
½ TL Salz
2 TL Backpulver
Zesten von 1 Orange
Staubzucker zum Bestreuen

1. Den Backofen auf 180 °C vorheizen und eine mittelgroße runde Springform mit Backpapier auslegen.

2. Sojamilch, Apfelessig und Orangensaft in einer Schüssel verquirlen und 5 Minuten stehen lassen, bis die Milch aufschäumt.

3. In einer Schüssel Butter und Zucker schaumig schlagen. Rum, Vanilleextrakt, Bittermandelextrakt und die Sojamilch-Mischung hinzufügen und gut verrühren.

4. In einer anderen Schüssel Mehl, Salz, Backpulver und Orangenzesten mischen. Mehlmischung zur Butter hinzugeben und gut verrühren, bis ein geschmeidiger Teig entsteht.

5. Teig in die Springform füllen. Für etwa 45 Minuten in den Backofen schieben. Garprobe mit einem Holzstäbchen machen: Bleibt kein Teig mehr am Stäbchen hängen, ist der Kuchen fertig. Erst nach dem vollständigen Abkühlen aus der Form nehmen und mit Staubzucker bestreuen.

BEZUGSQUELLEN

Falls Sie keine Möglichkeit haben, die benötigten Zutaten in Ihrer Nähe einzukaufen, empfehlen wir die folgenden Online-Bezugsquellen:

Jurassic Fruit:
www.jurassicfruit.com

Afroshop Mama T:
www.mama-t.de

Gewürze der Welt:
www.gewuerze-der-welt.net

Pot & Pepper:
www.potandpepper.de

BIBLIOGRAFIE

IN ENGLISCHER SPRACHE

Ziggy Marley, Cookbook, Tuff Gong Worldwide, 2016.

Bryant Terry, Afro-vegan, Ten Speed Press, 2014.

Vanessa García Polanco & Luis Alexis Rodríguez-Cruz, Decolonizing the Caribbean Diet: Two Perspectives on Possibilities and Challenges, Journal of Agriculture, Food Systems, and Community Development, 2019.

Monica Johnson, A Brief History of Caribbean Cuisine, multiculturalcookingnetwork.wordpress.com, 2012.

Beluchi Jeannot, Haitian Cuisine, everythinghaitian.com, 2013.

IN FRANZÖSISCHER SPRACHE

Élisabeth Antebi, Arawak, Histoire spirituelle des Antilles et de la Guyane, 1979.

Élisabeth Antebi, Arawak, Les trésors culturels du monde créole, 1978.

Roselyne Ribère, La bonne cuisine des Antilles, Solar, 1992.

Louis Sala-Molins, Le Code Noir, Presses Universitaires de France, 1987.

Roland Suvélor, Regards sur la Martinique des années soixante, Éditions Exbrayat, 1989.

Historial antillais (unter der Leitung von Roland Suvélor), Dajani, von 1979 bis 1981.

DANKSAGUNG

Dieses Buch bedeutet mir sehr viel, es ist die kulinarische Rückkehr zu meinen Wurzeln. Gleichzeitig teile ich mit meinen Leser:innen mein reiches kulturelles Erbe und erzähle ihnen ein wenig von dem, was mich geprägt hat und mich zu dem machte, was ich heute bin. Es war mir sehr wichtig, die Rezepte einfach zu halten, sodass sie leicht nachzukochen sind. Für diejenigen, die selbst von den karibischen Inseln stammen, oder für diejenigen, die sich auf eine kulinarische Reise begeben und ein bisschen mehr über die Schätze der Karibik erfahren möchten.

Ich danke meiner Mutter Simone, die mir die Leidenschaft fürs Kochen vermittelt hat. Und sie hat mir den Respekt vor der Natur und die Liebe zu den Tieren beigebracht. Sie ist stolz, unsere Familienrezepte mit Ihnen zu teilen.

Danke an meine Partnerin Lucie Otto-Bruc für ihre Unterstützung und Hilfe während der gesamten Arbeit an diesem Buch. Herzlichen Dank auch an meine Freundin Mélie Hirtz für die schönen Fotos.

Nicht zuletzt danke ich meiner Verlegerin Céline Le Lamer für ihr Vertrauen und ihre wertvollen Ratschläge zu diesem Projekt, das mir so sehr am Herzen lag.

LIEBE LERSER:INNEN,

wir freuen uns, dass wir mit diesem Buch Teil Ihrer kulinarischen Reise sein dürfen. Noch mehr Inspiration, köstliche Anregungen und kreative Erlebnisse finden Sie auf unserer Verlagsseite www.stiebner.com.

Treten Sie mit uns in Kontakt!
Wir sind immer offen für Ihre Anregungen, Wünsche und Kritik – schreiben Sie uns gerne unter verlag@stiebner.com.
Da geteilte Freude bekanntlich doppelte Freude ist: Zeigen Sie uns Ihre kulinarischen Kreationen auf Social Media! Markieren Sie uns mit @stiebnerverlag und die Autorin mit @healthyalie oder nutzen Sie die folgenden Hashtags: #karibikvegan #stiebnergenuss

Erstmals erschienen unter dem Titel » Cuisines vegan des Caraïbes « bei Éditions La Plage

Text und Fotografie: Alie Suvélor
Cover-Illustration: Mélie Hirtz
Übersetzung aus dem Französischen: Martina Schmid, eurolanguage Fachübersetzungen
Covergestaltung: Danai Afrati
Layout: Nicolas Gallois, Danai Afrati
Projektleitung und Lektorat Stiebner Verlag: Dr. Verena Stindl
Gedruckt in Frankreich

ISBN 978-3-8307-1075-2

Bibliografische Information der Deutschen Nationalbibliothek:
Die Deutsche Nationalbibliothek verzeichnet diese Publikation in der Deutschen Nationalbibliografie; detaillierte bibliografische Daten sind im Internet über http://dnb.dnb.de abrufbar.

Wir produzieren unsere Bücher mit großer Sorgfalt und Genauigkeit. Trotzdem lässt es sich nicht ausschließen, dass uns in Einzelfällen Fehler passieren. Auf unserer Webseite finden sich bei dem jeweiligen Titel eventuelle Korrekturen (Errata). Sollten Sie in diesem Buch einen Fehler finden, so bitten wir um einen Hinweis an verlag@stiebner.com. Für solche Hinweise sind wir sehr dankbar, denn sie helfen uns, besser zu werden.
www.stiebner.com